L'ANGE INTÉRIEUR

LES SECRETS DE MICHEL-ANGE
POUR VIVRE UNE VIE PASSIONNANTE

Catalogage avant publication de Bibliothèque et Archives nationales du Québec et Bibliothèque et Archives Canada

Widener, Chris

L'ange intérieur : les secrets de Michel-Ange pour vivre une vie passionnante

Traduction de: The angel inside.

ISBN 978-2-89436-209-9

1. Orientation professionnelle. 2. Plan de carrière. 3. Réalisation de soi. I. Titre.

HF5381.W5214 2008   650.14   C2008-941987-1

Nous reconnaissons l'aide financière du gouvernement du Canada par l'entremise du Programme d'aide au développement de l'industrie de l'édition (PADIÉ) pour nos activités d'édition.

Nous remercions la Société de développement des entreprises culturelles du Québec (SODEC) pour son appui à notre programme de publication.

Ce livre a été publié originalement dans une forme légèrement différente en 2004 par YourSuccessStore.com.

© Chris Widener, 2004

Publié aux États-Unis par Doubleday, une marque de The Doubleday Publishing Group, une division de Random House Inc., New York (www.currencybooks.com).

© Les Éditions Le Dauphin Blanc inc., 2008
Québec, Canada, pour la traduction française

Traduction : Sylvie Ouellet
Infographie : Marjorie Patry
Mise en pages : Marjorie Patry
Correction d'épreuves : Amélie Lapierre

Éditeur :   Les Éditions Le Dauphin Blanc inc.
           6655, boulevard Pierre-Bertrand, local 133
           Québec (Québec) G2K 1M1 CANADA
           Tél. : 418 845-4045 Téléc. : 418 845-1933
           Courriel : dauphin@mediom.qc.ca
           Site Web : www.dauphinblanc.com

ISBN : 978-2-89436-209-9

Dépôt légal : 4ᵉ trimestre 2008
              Bibliothèque nationale du Québec
              Bibliothèque nationale du Canada

Imprimé au Canada

Limites de responsabilité

CHRIS WIDENER

L'ANGE INTÉRIEUR

LES SECRETS DE MICHEL-ANGE
POUR VIVRE UNE VIE PASSIONNANTE

Le Dauphin Blanc

À Lisa, Christopher,
Hannah, Rebekah
et Sarah – mes anges!

AVANT-PROPOS

Parfois, la fiction est plus réelle que la réalité elle-même.

Une bonne histoire ne distrait pas seulement le lecteur, elle l'instruit. *L'ange intérieur* en est un bel exemple. Chris Widener a su construire cette histoire à partir de la vérité afin de soutenir notre intérêt au fur et à mesure que notre intellect s'instruit et que notre cœur est stimulé.

Je me considère choyé d'avoir pu admirer en personne la sculpture du *David* lors de ma visite à Florence. Les photographies et les descriptions verbales ne peuvent préciser la magnificence de cette création de Michel-Ange.

Le *David* est exposé dans un musée situé dans une grande ville trépidante. Les habitants de cette ville et les touristes qui la visitent représentent l'ensemble du spectre de l'expérience humaine. Certains individus sont hautement scolarisés, alors que d'autres possèdent une éducation limitée; certains détiennent une incroyable richesse, alors que d'autres tirent le diable par la queue. Certains vivent la belle vie, alors que d'autres vivent des événements très contraignants.

À mon avis, *David* est un rappel de tout ce que notre quotidien pourrait être. C'est un idéal de beauté et de perfection qui nous inspire à aspirer à davantage de beauté dans notre vie.

Nous cherchons ardemment l'essence et les fondements qui nous aideront à bâtir une vie personnelle et professionnelle florissante. C'est probablement la complexité du monde dans lequel nous vivons qui rend si touchantes les vérités simples enseignées dans *L'ange intérieur*.

Tout comme Chris Widener, je suis d'avis qu'il y a une œuvre d'art en chacun de nous qui ne demande qu'à émerger. Malheureusement, ce n'est pas tout le monde qui comprend le potentiel intérieur ou la manière de le réaliser. Après la lecture de *L'ange intérieur*, je crois que vous pourrez mieux saisir le potentiel que Dieu vous a donné afin que vous fassiez de votre vie le véritable chef d'œuvre qu'elle est appelée à être.

– Mark Sanborn

DÉCOUVREZ VOTRE
ANGE INTÉRIEUR

*Chaque personne possède l'extraordinaire capacité
d'être à la fois un roi ou un guerrier, une personne
de valeur et une personne d'accomplissement –
de beauté et de puissance.*

om Cook était venu en Europe pour trouver sa voie, mais au dernier jour de son périple, il constata à contrecœur qu'il avait esquivé les difficultés. Frustré par ce qu'il vivait au travail et à la maison, il avait planifié deux semaines de vacances loin de tout, espérant ainsi qu'il pourrait se libérer l'esprit pour faire un peu d'introspection. Ultimement, il croyait que ce séjour loin des États-Unis le libérerait de la pression du travail et qu'il pourrait ainsi prendre des décisions réfléchies au sujet de son avenir. Il avait déjà parcouru l'Angleterre, la France, l'Espagne, mais il n'avait pourtant pas encore recouvré la clarté intérieure ni même la direction de sa carrière. Il était aussi confus qu'au moment de décoller de l'aéroport JFK. Aujourd'hui était son troisième et dernier jour passé à Florence en Italie, la dernière ville de son itinéraire – et l'heure de son départ avait presque sonné. Pourtant, c'est à ce moment que quelque chose se produisit.

Florence. *Firenze*[1]. La ville de la romance, de l'art, de la nourriture et du vin. La majorité des gens qui s'y rendent sont subjugués par sa beauté. Les plus grandes œuvres d'art du monde s'y retrouvent dans les musées. Plusieurs personnes parmi les plus créatives et les plus influentes de l'histoire y sont nées et y ont passé leur vie. Dans toute sa gloire, cette ville est un centre culturel d'histoire et d'art incomparable. Tom avait imaginé y trouver une direction, la joie et l'inspiration.

C'était au début de l'après-midi et Tom s'en allait s'asseoir sur un banc dans un endroit turbulent. Il était fatigué. Fatigué de voyager. Fatigué de chercher. Fatigué de la vie. Simplement fatigué.

---

1.   Florence, en italien.

En posant son lourd sac à dos à ses pieds, Tom regardait une marée de gens qui allaient et venaient, courant comme ils le faisaient aussi en rentrant à la maison. Certaines personnes semblaient heureuses, d'autres semblaient être excitées d'être ailleurs, alors que d'autres marchaient en amoureux, les yeux dans les yeux. Pourtant, tout ce que Tom voyait était la foule qui lui apportait plus de questions que de réponses. *Où vont ces gens? Que regardent-ils? Sont-ils réellement heureux?* À trente ans, il était déjà cynique et il détestait l'admettre. Il n'était absolument pas heureux et il avait peine à imaginer que les autres puissent l'être également. La vie ne pouvait simplement pas fonctionner ainsi.

En s'assoyant, il a lentement déposé sa tête entre ses mains, perdant ainsi de vue la foule qui l'entourait. Au milieu de cette foule, il se sentait si seul. Au moment d'être envahi d'un fort sentiment de désolation envers lui-même, il entendit une voix s'adresser à lui.

« Dites donc, vous semblez beaucoup trop jeune pour avoir le cœur si lourd », dit la voix.

Tom leva à peine les yeux pour voir qui avait interrompu ce moment d'apitoiement. Il s'agissait d'un vieil homme. Sans aucune courtoisie, Tom leva la tête vers l'homme et resta muet. Fixant son regard sur l'homme, il l'observa de long en large. Tout en lui semblait en contraste. D'un côté, il semblait dur et, de l'autre, il dégageait un air d'élégance. Il était âgé. Dans les soixante-dix ans peut-être? Soixante-quinze? Ses cheveux indisciplinés brun foncé et sa barbe en broussaille étaient mûrs pour une visite chez le coiffeur. Il s'agissait d'un homme de grandeur moyenne, élancé, mais dont les gros avant-bras et les biceps semblaient disproportionnés par rapport à son corps âgé. Son visage semblait taillé à la serpe et ses mains calleuses ressemblaient à celles des cols bleus. Toutefois, les vêtements du vieil homme étaient dignes d'un connaisseur; on pouvait d'emblée dire qu'il ne s'habillait pas au magasin du coin. Cet homme connaissait un tailleur ou deux. Comme couvre-chef, il revêtait un énorme béret et, aussi étrange que cela puisse paraître, on pouvait voir ses cheveux en sortir de manière artistique. Il portait une belle chemise de soie à motifs, tombant sur un pantalon chic et des souliers de cuir impeccables.

Le vieil homme s'adressa de nouveau à Tom. « Oh oui, vous êtes triste. Ça se voit. » Il s'est assis près de Tom sans lui demander la permission. Tom avait peine à croire ce qui se passait. Il était encore pris dans son sentiment de solitude et de dépression. « Toutefois, je peux aussi voir que vous avez tant pour être heureux. Dites-moi, quel est votre nom?

– Tom.

– Tom? Tom… Thomas?

– Oui, Thomas.

– Ah! oui. Je vois. Tout comme l'incrédule. De quoi doutez-vous, Thomas? »

Les pensées tournoyaient dans la tête de Tom : *de quoi doutais-je? C'est insensé. Il est fou cet Italien, assis là, près de moi.* Somme toute, il finit par dire : « Eh bien, j'apprécie votre égard, mais je ne doute vraiment de rien.

– Pardonnez-moi, Thomas. Je sais que vous devez trouver mon attitude indiscrète, mais j'ai beaucoup d'intuition pour ce genre de choses. Je suis ici depuis très longtemps. J'en ai vu d'autres. Je sais que vous doutez. Peut-être est-ce le mot qui ne vous convient pas. Alors, disons donc, quel est ce fardeau qui pèse sur vous aujourd'hui, Thomas? »

Tom décida de faire rire le vieil homme. Quel mal y avait-il à cela? Après tout, les choses ne pouvaient pas empirer. « Eh bien, voyons voir. Je viens tout juste d'atteindre la trentaine et je suis encore loin d'être là où je le souhaite dans ma carrière. Mon patron croit que je n'ai aucun potentiel de carrière – en tout cas, cela ressemble à cela puisqu'il me confine à des tâches que personne d'autre ne désire. Mon travail ressemble à une triste routine qui ne peut me conduire à ce que j'aspire. Ma copine m'a largué parce que je n'avais pas assez d'"avantages", comme elle le disait. Même mes parents se demandent quand est-ce que je vais faire quelque chose de ma vie. En toute franchise, je commence à croire que je suis inutile. »

Un jeune couple qui marchait tout près demanda au vieil homme s'il pouvait les prendre en photo. Il accepta puis l'homme et la femme posèrent rapidement pour lui. Après quoi il leur rendit leur appareil photo et le couple bondit dans la rue en riant et en titubant.

Le vieil homme revint ensuite à Thomas. « Inutile... je vois, lança-t-il. Cela semble vraiment décourageant. Je comprends mieux pourquoi vous semblez si triste, même dans cette merveilleuse ville. La plupart des gens qui s'y trouvent – particulièrement les touristes – sont joyeux. » Il prit une pause et il posa ensuite la question suivante : « Depuis combien de temps êtes-vous à Florence?

– C'est mon troisième jour.

– Trois jours. C'est merveilleux! Quand partez-vous?

– Demain, à six heures trente.

– Oh! Il ne vous reste donc pas beaucoup de temps. Avez-vous pu voir quelques œuvres d'art ici? demanda le vieil homme.

– Certainement! répondit Tom. J'ai effectué un tour rapide. Que serait un voyage à Florence sans avoir vu l'art, n'est-ce pas?

– Vous avez là un très bon point, jeune Thomas. Personnellement, je crois que l'art est la raison la plus importante pour venir à Florence. Je présume donc que vous avez vu l'œuvre de Michel-Ange, le *David – il gigante* – le géant, comme on l'appelle.

– Oui, évidemment. C'est un des plus gros, n'est-ce pas? Sans aucun jeu de mots.

– C'est exact. Le plus grand à mon avis. Et dites-moi, Thomas, qu'avez-vous appris du *David?*

– Appris? Euh! Je n'ai rien appris. Je l'ai vu. Il était immense. Nu. C'était magnifique. Je suis ensuite parti.

– Ah bon! Vous n'avez rien appris du *il gigante?* » Le vieil homme regarda sa montre. Il était une heure. Venez tout de suite, nous n'avons pas beaucoup de temps. En disant cela, le vieil homme se leva.

Thomas le dévisagea. « Aller où? Pourquoi? » Il était parfaitement heureux d'être assis là où il était. Voilà que ce vieux soi-disant sage voulait l'entraîner dans une tourne imprévue.

– « Pour voir *Il Gigante*, évidemment! Il y a tant à apprendre de lui et de Michel-Ange. Venez, vous verrez. »

D'accord, c'est cinglé. Cependant, le vieil homme était si attachant. Il était inoffensif et, après tout, que pouvait bien faire Tom du reste de l'après-midi mis à part regarder les oiseaux se poser sur la tête des statues.

Tom se leva et attrapa son sac à dos. « D'accord. Je suis partant. Allons-y. »

Le vieil homme arbora un air radieux. « Fantastique, Thomas! » Il plaça un bras autour de Thomas puis il dit quelque chose qui déconcerta Tom : « Ce jour va changer ta vie à jamais. »

Sur ce, ils amorcèrent leur voyage au pied du *il gigante* situé dans la galerie *Accademia*. Ils dévalèrent la ville en marchant rapidement. *Ce vieil homme déplace de l'air!* « Excusez-moi. Pouvez-vous ralentir un peu? Mon sac à dos est assez lourd. » Faisant presque demi-tour, le vieil homme répondit : « Certainement! Excusez-moi. Je suis tellement enthousiaste de vous montrer *il gigante* de nouveau. » Mais sa cadence ne diminua que très peu...

Ils marchèrent jusqu'au bas de la rue, traversèrent un pont, tournèrent à droite puis ensuite à gauche.

Tom ne croyait pas que cela était si loin. Le vieil homme le conduisit jusqu'à un marché où il prit une courte pause, le temps d'acheter du pain d'un marchand qu'il connaissait visiblement. Il sépara le pain en deux et il en tendit une moitié à Tom. « Savourez-le », lança-t-il en guidant le pas encore une fois. Tom aurait bien aimé rester dans cette boulangerie pour humer les arômes qui émanaient de la cuisson. Jusqu'à présent, les odeurs de vin, de fromage, de pain et de fruits étaient ce qu'il préférait de Florence. *J'aurais bien mangé un plus gros déjeuner.* Durant le reste du trajet, le vieil homme saluait au passage des gens qu'il connaissait en leur disant « allô » ou en leur donnant une petite tape dans le dos.

Ils arrivèrent finalement à la galerie *Accademia* et, faisant fi de la ligne d'attente, ils allèrent directement à l'entrée. À la billetterie, la dame semblait connaître le vieil homme et elle leur tendit les billets. Tom était allé à cet endroit deux jours plus tôt. Comme il l'avait dit au vieil homme, il s'y était rendu parce que c'est ce que tous les touristes font lorsqu'ils visitent Florence – ils s'émerveillent devant le *David.* Cependant, cette première visite ne l'avait pas conquis. Cette fois, c'était différent. Tout semblait *irréaliste.* Il éprouvait une drôle de sensation. Cette fois, il remarqua le plafond voûté, la beauté de la pièce et il entendit la vacuité des lieux. Les gens font silence en présence du *David.*

Ils regardèrent la statue durant un moment puis le vieil homme s'exclama avec émerveillement : « N'est-ce pas d'une grande beauté? Tout simplement grandiose!

– C'est grand, assurément.

– Oui. C'est gigantesque : plus de quatre mètres de hauteur. En tout, Michel-Ange a pris vingt-huit mois pour le sculpter. »

Ils restèrent silencieux. Tom remarqua que le vieil homme s'amusait assurément. Il regardait la statue comme un père fier de sa progéniture. Cela semblait très étrange pour Tom qui se disait en lui-même : *alors, nous sommes dans la classe. Je me demande quand est-ce que la leçon débutera?*

Après ce qui semblait avoir été une éternité, le vieil homme demanda : « Thomas, te demandes-tu pourquoi je t'ai amené ici?

– En effet. Cette question m'a effleuré l'esprit. Je veux dire, *David* est grand et je sais que Michel-Ange était l'un des plus grands artistes de tous les temps, mais qu'est-ce que tout cela peut bien avoir affaire avec moi?

– Très bonne question, Thomas. J'ai une réponse. Mais tout d'abord, j'ai une autre question : que sais-tu de Michel-Ange?

– Voyons voir. C'était un Italien. »

Le vieil homme partit à rire. « Oui, il l'était.

– À part cela, il vécut à la fin du quatorzième siècle et au début du quinzième.

– Oui. Il mourut en 1564. Il est donc plus approprié de dire dans le milieu du quinzième siècle. Quoi d'autre?

– Il était un artiste incroyable qui peignait et sculptait.

– C'est exact. Sais-tu ce qu'il a peint et ce qu'il a sculpté?

– Tout ce que je connais, c'est le *David* et la chapelle Sixtine, est-ce cela?

– Oui, c'est cela et il y en a bien d'autres. Y a-t-il autre chose que tu sais au sujet de Michel-Ange ou du *il gigante*?

– Non, nous avons fait le tour. »

« Je vois. » Le vieil homme fit une pause pour réfléchir. « Alors, nous sommes prêts pour commencer. »

« Parfait. » Tom put difficilement imaginer comment tout cela allait se dérouler.

– Commençons par une histoire. Un jour, alors que Michel-Ange était en train de travailler sur cette pièce de marbre qui allait devenir *David*, un jeune enfant vint visiter l'endroit où il travaillait. Le jeune garçon demanda à Michel-Ange pourquoi il s'affairait si ardemment à frapper cette pierre. Michel-Ange lui répondit : " Mon garçon, il y a un ange à l'intérieur de cette roche et je suis en train de le libérer. "

Puis, le vieil homme laissa le temps à cette histoire de s'imprégner. « Comprends-tu la clé de cette histoire, Thomas? »

Tom regarda le *David* et réfléchit. Après avoir envisagé toutes les possibilités qui se trouvaient dans son esprit, il dit : « Je crois qu'il voulait dire qu'il cherchait à faire ressortir quelque chose de beau de ce marbre.

– Tu es sur la bonne voie, Thomas. Mais il y a plus.

– Comment cela?

– Laisse-moi t'expliquer. Fondamentalement, ta réponse est juste. Mais la statue offre tellement plus à notre œil. Des choses spécifiques pour toi; des choses significatives pour toi – pour chacun de nous en réalité.

– Je suis tout ouïe.

– Thomas, quelle opinion les gens dans ton entourage ont-ils à ton sujet?

– Je crois qu'ils m'apprécient. » Mais il corrigea le tir en disant : « Ils m'aiment. Mais… » Tom s'interrompit et regarda au loin.

« Oui, dit le vieil homme en guise d'approbation.

– Ils n'en savent pas davantage à propos de ce que j'ai fait de ma vie ou de ce que je fais actuellement ou à propos de ce que je suis capable d'accomplir. Ils pensent que je suis un perdant de première, enfin je crois.

– Que veux-tu dire exactement? demanda le vieil homme.

– Ils ont tout simplement une opinion bien arrêtée à propos de ce que signifie le succès, de ce que je devrais faire, de combien d'argent je devrais gagner, de la classe sociale à laquelle je devrais appartenir. Des choses comme cela. Des choses que je ne suis pas.

– Hmmmm, cela doit être douloureux?

– Oui, c'est très pénible, en fait.

Tom ne s'attendait pas à être psychanalysé.

– Laisse-moi te raconter l'histoire de cette grosse pièce de marbre. À l'origine, ce bloc de marbre a été coupé pour être taillé bien avant la naissance de Michel-Ange. En fait, une commande fut faite auprès d'Agostino di Duccio pour ce marbre en 1464 – onze ans avant l'arrivée de Michel-Ange dans ce monde. Cependant, il ne savait pas quoi en faire. Alors, la commande fut annulée. Puis, en 1476, alors que Michel-Ange n'avait qu'un an, un autre artiste dénommé Antonio Rossellino reçut une commande pour ce même bloc de marbre. Comme ce fut le cas avec Agostino, lui non plus n'est pas parvenu à voir ce que le marbre pouvait révéler. On a même demandé à Leonardo da Vinci d'envisager de tailler ce marbre. Il a refusé pour deux raisons. Premièrement, pour lui, la sculpture représentait une forme d'art inférieur. À ce sujet, il était arrogant. Brillant, mais arrogant. » Le vieil homme leva les yeux comme si cela le répugnait. « Deuxièmement, lui non plus n'arrivait pas à voir ce que le marbre pouvait devenir. Trois artistes – et parmi eux, l'un des plus célèbres de tous les temps – ont regardé ce marbre avant Michel-Ange et ils ne sont pas parvenus à voir ce qu'il cachait dans son for intérieur. Cependant, Michel-Ange a vu l'ange qui reposait profondément au fond de cette roche, attendant d'être libéré pour inspirer Florence et le reste du monde. Thomas, vois-tu ce que j'essaie de t'enseigner?

– En quelque sorte. Je veux dire, ces hommes étaient tous doués dans ce qu'ils faisaient. Mais, malgré tout, ils ne sont pas arrivés à voir le potentiel de ce marbre. Est-ce cela que vous cherchez à me dire? »

En prononçant cette question, Tom était incliné vers la statue, une main posée sur son menton.

« C'est en partie cela, effectivement. Mais, il y a plus encore. C'est vrai qu'ils n'ont pu voir ce que le roc pourrait devenir. Mais les mots de Michel-Ange apportent un sens encore plus profond. Comprends-tu?

– J'ai bien peur que non.

– Thomas, il y a un ange en toi. Il y a une personne d'une grande beauté. Il y a une personne d'une grande puissance. *David* représente les deux. Si tu te souviens, le vrai David – l'ancien roi d'Israël – était une personnalité très polyvalente. Très peu d'hommes sont en mesure à la fois d'écrire de la poésie, de jouer de la harpe tout en tuant des géants et en allant à la guerre. David, l'homme, et David, la statue, étaient beaux et puissants. Nous avons tous la beauté en nous. Notre valeur réside dans ce que nous sommes. Nous sommes incroyablement puissants. Nous pouvons devenir des personnes qui accomplissent de grandes choses. Nous pouvons faire face aux géants dans notre vie, tout comme David l'a fait, et nous pouvons gagner. »

Le vieil homme regarda Tom pour voir s'il saisissait bien ses propos. Le vieil homme aurait pu dire que oui, mais il soupçonnait que Tom avait encore des doutes au sujet de ce qu'il pouvait être ou au sujet d'accomplir quelque chose de spécial.

Malgré son scepticisme, Tom voulait en savoir plus. « Continuez, dit-il.

– Réfléchis au rejet du marbre. *David* repose ici depuis le début des temps. Plusieurs personnes l'ont regardé et n'ont rien vu. Rien! Aucun potentiel. Plusieurs ont même dit : " Le marbre a été taillé trop finement. " Mais Michel-Ange possédait la *vision* de ce qu'il deviendrait. » Le vieil homme arrivait à un point culminant. « Thomas, peux-tu m'en dire plus au sujet de l'histoire du vrai David?

– J'en sais moins qu'au sujet de Michel-Ange, grimaça Tom.

– C'est correct. Tu l'apprendras aujourd'hui – *et cela va changer ta vie à jamais*. Laisse-moi te raconter l'histoire ancienne de la vie du vrai David. Il y a eu un prophète nommé Samuel. C'est Dieu lui-même qui a dit à Samuel qu'il trouverait le prochain roi dans la maison d'un homme nommé Jesse. Alors, Samuel est allé rencontrer Jesse et lui a raconté ce qu'il avait entendu. Puis, il a demandé à Jesse la permission de voir ses fils. Jesse les a rapidement appelés et les a placés en ligne. Les passant en revue un par un, Samuel congédia chacun des fils. Arrivé à la fin de la ligne, il était un peu confus. Il demanda s'il y a avait d'autres fils. Jesse dit qu'il y en avait un autre, mais qu'il ne pouvait s'agir de lui. Il n'était qu'un simple berger, un gardien de moutons. Samuel demanda à Jesse quel était son nom. Sa réponse fut " David. " Jesse envoya chercher David et il fut amené devant Samuel. Samuel su immédiatement qu'il s'agissait du prochain roi. Jesse avait peine à le croire – et les frères de David, eux, ne voulaient pas le croire.

En guise d'explications pour Jesse, Samuel énonça une profonde vérité : " Les hommes regardent l'extérieur, mais Dieu, lui, regarde l'intérieur. "

– C'est une histoire géniale, dit Tom.

– Oui, elle est incroyable, Thomas. C'est la première vérité que tu dois réaliser pour devenir la personne que tu désires être. Peu importe ce que tu penses de ta vie actuelle, peu importe ce que ton père pense, il y a un ange qui dort en toi. Chaque personne possède cette remarquable capacité d'être à la foi roi et guerrier, d'être une personne de valeur et une personne d'accomplissement – de beauté et de puissance. Quand tu le comprends, quand tu l'intègres et que tu commences à réellement y croire, cela change ta vie à jamais. À ce moment, toute ta destinée s'ouvre devant toi.

– Je comprends le concept, mais comment puis-je croire cela à mon sujet? Je veux dire qu'actuellement il n'y a aucun signe qui laisse présager cela dans ma vie.

– Thomas, tu n'as pas regardé assez loin. Tu devras chercher profondément en toi. Parfois, tu devras t'appuyer sur cette vérité un moment, te rappelant chaque jour qui tu es jusqu'à ce que cette vérité devienne tienne. Là, tu y croiras. Cependant, il y a une manière d'accueillir cette croyance. Permets-moi de te demander : " En quoi es-tu doué? " Tout le monde possède un talent particulier. Quand tu connais ce talent, cela t'indique à quoi ressemble ton ange.

– Croyez-le ou non, j'ai toujours eu un petit côté créateur. Quand j'étais petit, j'imaginais des histoires à raconter à mes amis et à mes proches, j'inventais des petits jeux idiots, j'écrivais des histoires et toutes sortes de choses comme celles-là.

– Alors, c'est très bien. Tu es un créateur. C'est un très beau cadeau que tu possèdes. Comment t'en sers-tu dans ton travail, Thomas?

– C'est là le problème. Je ne m'en sers pas. J'ai obtenu un MBA – maîtrise en administration des affaires – et j'ai commencé à travailler au service des fusions et des acquisitions d'une compagnie classée dans le

Fortune 500. Je mouline des chiffres et j'évalue les plans d'activités. Ensuite, j'envoie mes analyses en haut aux gens qui prennent les décisions. Je ne suis qu'une dent dans l'engrenage du commerce. » Tom recula en levant les yeux, puis il a lança un soupir de désespoir... ou de résignation.

« Dis-moi, comment es-tu arrivé dans cette entreprise? demanda le vieil homme.

– Tentez de deviner : par mon père. Il est le directeur général d'une grande compagnie qui fait des millions de dollars par année et il voyage dans le jet de la compagnie. Il m'y a poussé. C'est comme si, depuis ma troisième année, on m'a répété : " Tom, le monde ne va pas te donner quoi que ce soit. Tu dois obtenir ce que tu désires. La manière d'obtenir ce que tu veux est de faire de l'argent. Et la manière de faire de l'argent est dans les grandes entreprises. " Il disait : " Tom, voici la règle d'or : celui qui détient l'or fixe les règles. " Durant des années, j'ai été convaincu que c'était une règle d'or!

– Alors, tu as pourchassé l'argent.

– J'ai pourchassé les affaires parce que c'est là que mon père m'a poussé à croire que l'argent se trouvait. J'ai cru que cela allait le rendre heureux et fier de moi.

– Thomas, je ne te connais pas très bien encore, mais je connais de nombreux jeunes *comme* toi. Il te faut encore voir l'ange en toi. La coquille extérieure ne s'est pas encore ouverte pour que toi et les autres puissiez voir la beauté qui réside en dedans. Il te faut montrer ta valeur intérieure. Avant de pouvoir y parvenir, tu dois t'y engager et commencer à chercher ton ange intérieur. »

Tom demeura silencieux, essayant d'intérioriser les vérités que le vieil homme venait de lui enseigner. En théorie, il les croyait, mais il ne pouvait tout simplement pas les appliquer à sa vie. Il avait passé tellement d'années à essayer de devenir la personne que les autres voulaient qu'il devienne qu'il se demandait s'il allait être capable de trouver le vrai lui-même qui se cachait en dessous.

Après un moment, le vieil homme parla : « Tu ne trouveras pas les réponses cette après-midi, Thomas. Mes paroles ne sont là que pour planter la graine de cette pensée en toi. Au bon moment, elle croîtra pour devenir une force active dans ta vie. Voilà, tu as appris la première leçon : peu importe ce que les autres peuvent dire, il y a un ange en toi, attendant d'être libéré. Un jour, tu trouveras cet ange et tu le laisseras s'envoler.

– J'aimerais tellement que quelqu'un dise cela à mon père, dit Tom.

– Peut-être est-ce toi qui devrais le lui dire. »

LA PUISSANCE ENTRAÎNANTE DE LA PASSION

Il y a un moment dans la vie où chaque personne doit décider si elle suivra son propre élan intérieur ou ce que quelqu'un d'autre désire qu'elle fasse.

« Thomas, nous arrivons à la deuxième leçon que tu dois apprendre de *il gigante...* » Le visage imprégné d'une profonde réflexion, le vieil homme prit ensuite une pause.

« Et c'est...?, demanda Tom.

– Imagine si le *David* n'avait jamais été sculpté. Ou si la chapelle Sixtine n'avait jamais été peinte... deux des grands chefs d'œuvre de l'art, aimés et admirés par les gens à travers le monde. » Le vieil homme bougeait ses mains dans un mouvement de vague; en se penchant plus près, il parla calmement. « Maintenant, écoute attentivement, Thomas. Tout cela n'aurait pas été possible si Michel-Ange avait suivi les désirs de son père. » Il se retourna et regarda de nouveau le *David*.

– Je ne comprends pas. Qu'est-ce que vous voulez dire? Quels étaient les désirs de son père?

Le vieil homme respira profondément. « Cela est vraiment important pour toi, tout comme ce fut important pour Michel-Ange. Encore une autre histoire : Lodovico était le prénom du père de Michel-Ange. C'était un homme bon – un fonctionnaire débutant à Florence. Il détenait quelques propriétés et il avait un peu d'argent, mais en vieillissant, sa santé s'est mise à décroître. Son plus cher désir était que ses enfants redorent le blason de la famille. Il désirait que ses enfants gagnent de l'argent, qu'ils possèdent des propriétés et qu'ils fassent partie de la classe dirigeante. Pour Michel-Ange, il souhaitait le voir diriger sa propre entreprise ou peut-être même deux entreprises ou le voir devenir un marchand respecté de Florence. Mais, tout comme toi, Thomas, le jeune Michel-Ange avait d'autres idées.

– Quel âge avait Michel-Ange lorsque cela est arrivé?

– Cela a commencé alors qu'il était un jeune garçon. À treize ans, il a commencé comme apprenti auprès de Domenico Ghirlandaio, un peintre reconnu. Cependant, cela rendit Ludovico furieux. Ce n'était pas du tout le chemin qu'il voulait que son fils suive. Ils se sont disputés de nombreuses fois. Ludovico a fait tout ce qu'il a pu pour arrêter Michel-Ange. Selon lui, les artistes appartenaient aux classes inférieures.

– Alors, que s'est-il passé? En fait, je connais déjà la fin de l'histoire, mais comment Michel-Ange a-t-il pu aller jusqu'au bout? »

Le vieil homme se retourna face à Tom et il leva sa main dans les airs, élevant l'index pour en venir aux faits. « Thomas, il s'agit ici de la deuxième leçon et *elle va changer ta vie à jamais.* »

Assurément, il avait le sens du drame, pensa Tom.

« Écoute attentivement : peu importe ce que les autres pensent que tu devrais faire ou devenir, *tu dois toujours suivre ta passion et ta passion seulement.* C'est ce qu'a fait Michel-Ange. Il s'est détourné de son père. Il a trouvé un maître. Il fut admis comme élève auprès de Ghirlandaio et il a commencé à apprendre l'art. Peu de temps après, Ghirlandaio savait que Michel-Ange avait un talent particulier et Michel-Ange déménagea chez Lorenzo de Médicis – la personne la plus influente de Tout-Florence. Lorenzo était un mécène de l'art et il a donné un coup de main à Michel-Ange. Cela a été très bénéfique pour lui.

– Qu'est-ce qu'a fait Loda… Lovi?

– Lodovico.

– Le père de Michel-Ange. Qu'est-ce qu'il a fait?

– Il n'y avait rien qu'il pouvait faire. Michel-Ange poursuivait sa passion. Ce n'est qu'après que Michel-Ange ait laissé sa marque que Ludovico lui a donné à contrecœur son approbation. Penses-y un moment, Thomas. Que se passerait-il si tu quittais simplement ce que tu fais et que tu commençais à faire quelque chose que tu aimes, quelque chose qui enflammerait ton cœur – *ta passion*?

– Mon père voudrait me tuer, dit Tom d'un ton pince-sans-rire.

– Non, évidemment, il ne te tuerait pas. Quel serait véritablement le problème, Thomas? Penses-y. La réponse est tout simplement là.

– Il penserait du mal de moi. »

Tom regardait par terre en disant cela.

« En fonction de ce que tu me dis, cela est plus que probable. Il penserait du mal de toi. Et c'est exactement pourquoi ton ange intérieur est encore enfermé dans la roche au lieu de se tenir debout comme un roi conquérant. Voilà pourquoi tu es frustré; pourquoi ton cœur saigne.

– Alors, que dois-je faire? J'ai trente ans, mon père a déboursé plusieurs milliers de dollars dans mon éducation pour faire de moi un homme d'affaires. Avec tout le respect que je vous dois, je suis loin d'être un prodige de treize ans au quinzième siècle en Italie.

– Et avec tout le respect que je te dois, jeune Thomas, tu n'es pas guère plus un homme d'affaires, n'est-ce pas? »

Ouch! Tom réfléchit. Cette phrase venait de l'égratigner au passage, même si cette égratignure était somme toute superficielle. Le vieil homme souriait.

« Tu n'es pas un bon homme d'affaires simplement parce que les affaires ne font pas partie de ton cœur. Cela ne te passionne pas. Comme tu le mentionnes toi-même, tu es une personne créative. Tu as besoin d'un travail qui te permette d'exprimer cette créativité. " Mouliner des chiffres ", pour te citer, ne te permet pas cela.

– D'accord, mais encore une fois – que dois-je *faire*? La théorie s'arrête là.

– Tu quittes ton travail. Ou, à tout le moins, tu commences à t'éloigner de ce que tu fais maintenant pour aller vers ce que tu veux faire. Tu es jeune, sans aucune responsabilité – tu n'as pas de famille – alors, cela sera plus facile. Si j'étais en présence d'un homme plus vieux avec une femme et des enfants, je l'inciterais à aller plus lentement, mais je l'encouragerais tout de même à changer. En conséquence, toi, tu peux quitter rapidement – particulièrement si tu apprends quelques leçons de plus pour créer la vie que tu désires.

– Quitter mon travail? C'est impossible.

– Ce n'est pas possible ou cela ne sera pas agréable? Il y a une grande différence entre les deux.

– Continuez.

– Thomas, le monde est rempli de personnes qui ne font pas ce qu'elles aiment. La plupart d'entre elles vont à la dérive comme la plume portée par le vent. Elles n'ont aucun but qui découle de leur passion, de leur force. Ce sont les hommes et les femmes que votre philosophe Thoreau décrit comme " menant une vie tranquille de désespoir ". Le temps passe et, comme ils s'approchent de la mort, tout ce qui leur reste, c'est le regret. Alors, ils n'y peuvent plus rien. Leur vie est perdue parce qu'ils n'ont pas décidé de faire ce qu'ils voulaient. Thomas, la pire chose qui puisse t'arriver, c'est que ton père soit désappointé à ton sujet, pas vrai?

– Ouais, je crois que c'est le plus loin que les choses puissent aller. Je ne crois pas qu'il me renierait ou qu'il ferait autre chose dans ce genre.

– J'ai une question pour toi : crois-tu que ton père est actuellement désappointé à ton sujet? »

Un long silence suivit puis Tom avoua : « Oui, je suis certain qu'il l'est. » Il détestait avoir à dire cela. Toute sa vie avait été consacrée à plaire à son père. Cet homme plus-grand-que-la-vie, si prospère dans tout ce qu'il a entrepris, a dominé sa vie. Son père avait été un étudiant remarquable et il était le quart-arrière de son équipe de football; il a obtenu une bourse universitaire pour Harvard, puis il est allé à l'école de commerce de Harvard, après quoi il a conquis le milieu des affaires. Tom avait essayé, mais il avait échoué dans sa tentative d'être ce que son père voulait qu'il soit. Une autre partie de lui se sentait libre. Il commençait à être honnête avec lui-même.

« Oui, je suis certain qu'il l'est, Thomas. Il l'est très probablement. Parce que tu ne seras jamais prospère en ne faisant pas ce que tu aimes. Tu finiras par te saboter toi-même.

– Je comprends ce que vous dites. Je redoutais tellement mon travail ces temps-ci que j'arrivais en retard pratiquement tous les jours, que je flânais sur Internet au lieu de rassembler les rapports. Je sais que je me fais du mal, mais je crois qu'une part de moi se rebelle contre ce travail parce que c'est ce que mon père voulait – mais pas moi.

– C'est très bien que tu puisses reconnaître cela, Thomas. Il y a autre chose que tu devrais réaliser. Il se peut que ton père soit toujours déçu de toi, mais *si tu ne suis pas ta passion, tu seras toujours malheureux.* Évidemment, il y a une solution. Tu peux prendre la difficile décision de laisser ton travail et de poursuivre ta passion. Oui, ton père risque d'être désappointé à ton sujet, mais au moins, tu seras passionné par ce que tu fais – et ta passion te conduira au succès.

– Je crois que je ne peux réellement pas contrôler comment mon père va réagir, n'est-ce pas?

– En effet. Ton père est simplement un homme, Thomas. Il a déjà été un petit garçon et il a été influencé par ses parents. Ils se sont identifiés à lui et il a fait de même avec toi. Les humains ne sont en aucun cas parfaits, n'est-ce pas? Si nous ne sommes pas attentifs, nous transmettons bien des choses nuisibles à nos enfants. Ton père croit que l'argent est le critère de l'accomplissement. Ce n'est pas vrai et tu le sais. Thomas, il vient un temps dans la vie où chaque personne doit décider si elle suivra son propre élan intérieur dans sa vie ou ce que quelqu'un d'autre désire qu'elle fasse. Il y a beaucoup de voix qui cherchent à t'influencer. Les parents feront pression sur toi, la plupart du temps avec de bonnes intentions, parce qu'ils t'aiment. Tes frères et tes sœurs jugeront tes décisions et te mépriseront. Tes amis diminueront tes capacités, certains même te délaisseront. Cependant, tu dois retenir cette vérité : *il s'agit de ta vie et non de la leur.* Qu'en penses-tu?

– Je pense que j'ai vécu la vie de mon père et non la mienne.

– Je crois que c'est exact, en effet. Mais, il n'est pas trop tard. Tu n'as que trente ans. Et même si tu en avais soixante, il ne serait pas trop tard pour changer et vivre ta passion. » Le vieil homme se tut un moment pour laisser porter ses mots, puis il poursuivit. « Thomas, sais-tu ce que je trouve de plus ironique dans l'histoire de Michel-Ange?

– Quoi donc?

– Ludovico était préoccupé au sujet de l'argent, des apparences et de la classe sociale, comme ton père l'est, et il ne voulait pas que son fils fasse quelque chose jugé de rang inférieur. Parce qu'il a suivi sa passion, Michel-Ange a élevé les normes et même la définition des classes sociales pour les siècles à venir. Ses œuvres d'art sont inestimables. Les gens du monde entier se déplacent pour les voir, les admirer et s'émerveiller devant les détails d'une exquise beauté. En suivant sa passion, il a été en mesure d'accomplir ce que son père souhaitait : que le nom de famille soit respecté. S'il était devenu un marchand de Florence, le monde n'aurait jamais entendu parler de Michel-Ange. »

Ces paroles se bousculaient dans la tête de Tom. Il se sentait vivant ou à tout le moins comme s'il renaissait. La possibilité de faire autre chose que des fusions et des acquisitions l'emballait. Il ne l'avait jamais envisagé auparavant, mais maintenant, cette idée lui semblait réalisable. Les mots du vieil homme avaient trouvé écho en lui.

Toutefois, il avait encore des appréhensions. Changer de carrière lui semblait être un grand saut – un saut excitant, mais néanmoins un grand saut. Il réfléchissait à la manière dont Michel-Ange s'était préparé avec Ghirlandaio et il réalisa que lui aussi aurait besoin d'un mentor pour l'aider à faire cette transition et peut-être même aurait-il besoin aussi d'un coup de main supplémentaire. Le chemin lui semblait ainsi plus accessible. Il commença à penser aux avenues créatrices qui s'ouvraient devant lui et aux personnes qu'il connaissait qui y réussissaient bien, spécialement celles qui pourraient devenir son mentor.

Cela va changer ta vie à jamais. Il commençait à croire un peu que le vieil homme puisse avoir raison, mais juste un peu. Est-ce que cette rencontre sur un banc dans un pays situé quelque part au centre du monde pourrait devenir le point tournant de sa vie? Il regarda sa montre. Il était trois heures. Cela faisait près de deux heures qu'ils se trouvaient face au *David*. Pourtant, il avait l'impression d'y être que depuis quelques minutes et, maintenant, il souhaitait apprendre tout ce qu'il pouvait du vieil homme durant le temps qu'il lui restait.

« D'accord, dit Tom, je suis relativement convaincu de savoir la première et la deuxième leçon. Qu'y a-t-il d'autre?

– Tu es un élève doué, Thomas. Tu apprends rapidement quand tu t'investis. Le test sera de t'en souvenir et de les mettre en pratique.

– Ne vous en faites pas. Qu'est-ce qui vient ensuite? »

ÊTRE CONFIANT EN SA FORCE

*Pour atteindre le succès, tu dois bâtir
ta confiance en toi en misant sur les choses que tu fais bien
et ensuite tu pourras les réaliser.*

« C'est le temps de regarder de plus près *il gigante*, dit le vieil homme en marchant vers la statue. Je vais t'enseigner encore quelques notions ici et, ensuite, il y a un autre endroit où je veux t'amener. »

Tom suivit le vieil homme jusqu'à ce qu'ils soient tous deux debout directement devant le *David*. Il était ébahi devant la grandeur. Il ne s'était pas approché aussi près la première fois qu'il était venu.

« Alors, quelle est la prochaine leçon? demanda Thomas.

– Que vois-tu en avant de toi, Thomas?

– Je vois… une statue.

– Tu es perspicace, taquina le vieil homme. Laisse-moi être plus exact : *quel est l'état d'esprit du* David?

– L'état d'esprit?

– Que vois-tu?

Tom réfléchit. « Pouvez-vous me donner quelques indices? demanda-t-il.

– Très bien. Quel moment de la bataille avec Goliath a-t-il inspiré cette sculpture?

– Je ne sais pas.

– Était-ce avant ou après? », pressa le vieil homme.

Tom regarda le *David* de plus près. Son lance-pierres sur l'épaule. Une roche à la main. Regardant quelque chose – Goliath – à sa gauche. Le sourcil froncé pour marquer sa profonde concentration. Puis, cela est devenu évident. « Avant. Juste avant, dit Tom.

– Oui.

– D'accord, mais pourquoi est-ce si important?

– J'ai encore une petite histoire pour toi, Thomas. Traditionnellement, les statues de *David* le représentaient immédiatement après la bataille. On avait l'habitude de sculpter la tête de Goliath coupée et posée aux pieds de David. Dans un but bien précis, Michel-Ange a donné vie au *David* juste avant qu'il tue le géant. Il l'a fait ainsi à cause de la situation politique qui régnait alors. L'Italie était divisée. Il y a avait plusieurs fiefs et plusieurs villes, comme Florence, qui craignaient constamment que les armées – grandes ou petites – les attaquent. À cette époque, les statues étaient faites pour leur beauté, évidemment, mais également pour l'engagement politique. La statue de *David* devait être placée dans un endroit bien en vue, le *Palazzo Vecchio*, en guise d'engagement envers les citoyens de la ville de Florence et envers les autres personnes qui penseraient à les attaquer. Voilà pourquoi je t'ai demandé quel était l'état d'esprit du *David* qui est dépeint. Grâce à cette nouvelle compréhension, que crois-tu que David tente d'illustrer? »

Tom fixa intensément le *David*. Il ne pouvait vraiment pas répondre à cette question. « Vraiment, je n'en ai aucune idée. »

– Voici les mots que David a dit à Goliath immédiatement avant de lui trancher la gorge : " *je vais* t'abattre et t'arracher la tête. Et, en ce jour, je donnerai les cadavres de l'armée de Palestine aux oiseaux du ciel et aux bêtes sauvages de la terre ". Alors, en lançant ces mots à cet immense géant immédiatement avant de se tenir ainsi debout devant nous, comment dirais-tu que David se sentait ? »

Il regarda le sourcil de David. Puis, il crut l'avoir trouvé. « L'assurance. Il se sentait confiant.

– Thomas, tu es en train d'apprendre. C'est tout à fait juste. Michel-Ange voulait illustrer l'assurance. Il voulait ainsi que Florence démontre la même assurance que David avait avant la bataille à ceux qui voulaient les conquérir. Il souhaitait que Florence dise : " Si vous nous attaquez, vous périrez ".

– Alors, la confiance est la leçon ? demanda Tom.

– La leçon, c'est que pour accomplir ce que tu désires dans la vie, il te faut avoir de la confiance. En suivant ta passion et en utilisant tes forces, tu démontres de la confiance en toi.

– Et qu'est-ce qui arrive si on n'a pas de confiance en soi ?

– Dis-moi, Thomas, sais-tu ce que la confiance veut réellement dire ?

– Non, quoi ?

– En latin, *confiance* signifie littéralement " avec foi ". Alors, tu vois, *la confiance en soi* signifie que tu as " foi en toi-même ".

– Mais, si nous n'avons pas confiance en nous-mêmes? demanda Tom.

– Il est nécessaire d'avoir foi en quelques aspects de toi. Actuellement, il y a tout plein de choses pour lesquelles je ne suis pas doué. Cependant, il y a en a plusieurs où j'excelle. Ce sont dans ces choses que j'investis ma confiance. Le sujet de la leçon est le suivant : pour atteindre le succès, tu dois bâtir ta confiance en toi en misant sur les choses que tu fais bien et ensuite tu pourras les réaliser. Comme le *David* l'a montré aux visiteurs de Florence depuis plusieurs centaines d'années, *le secret, c'est que tu dois, toi aussi, affronter avec confiance tout ce que tu fais.*

– Comment puis-je faire cela?

– Lorsque tu rentreras chez toi, commence à passer du temps à faire quelque chose qui te permette de développer tes forces. Et bien que je te connaisse seulement depuis peu, je vois que tes forces sont nombreuses. Tu es disposé à changer et tu es très avisé. Tu es un bon étudiant. Tu as soif d'apprendre. En trouvant un travail qui fasse appel à tes forces, tu te sentiras plus confiant. La raison pour laquelle tu manques de confiance en toi actuellement est que tu n'excelles pas dans ce que tu fais. Alors, chaque jour, cela devient un rappel conscient et inconscient que tu n'es pas doué dans ce que tu fais la majeure partie de la journée. Cela nourrit les doutes, les peurs et ultimement le désespoir. Chacun doit œuvrer là où est sa force. Car c'est de là que provient la confiance.

– Ça y est. Je l'ai.

– Parfait, alors, nous pouvons y aller.

– « Je l'espère bien. » dit Tom avec enthousiasme. Le vieil homme avait raison; il adorait son rôle d'étudiant dans la classe de ce vieil homme.

LA BEAUTÉ DANS
LES DÉTAILS

Les maîtres, ceux qui ont pleinement réussi
et qui dictent les normes aux autres,
sont ceux qui saisissent les détails.

« **B**ien alors, il faut noter quelque chose d'autre au sujet du *David*. J'aimerais que tu en fasses le tour autant de fois que cela te sera nécessaire en réfléchissant à ceci : le *David* de Michel-Ange est de loin la statue la plus célèbre parmi les autres statues de David, sinon la plus célèbre de toute l'histoire. Dis-moi donc, parmi tous ces *David*, pourquoi la statue devant toi est réputée pour être la plus belle ? Qu'est-ce qui donne à ce *David* sa beauté? Marche simplement, regarde et laisse la réponse monter en toi. Lorsqu'elle émergera, tu auras appris la quatrième leçon d'une vie puissante. » Tom fut hésitant. « Allez », implora le vieil homme.

Tom prit environ dix minutes pour étudier le *David* sous tous ses angles. Il marchait puis il s'arrêtait quelques minutes pour regarder et il continuait. Enfin, il se dirigea près de la tribune à côté du vieil homme. Juste comme il s'y arrêta, un gardien de sécurité s'avança vers eux.

Apparemment, le gardien connaissait le vieil homme. « Un autre nouvel étudiant? demanda-t-il au vieil homme.

– Oui et il est excellent. »

Le gardien se pencha vers Tom. « Soyez attentif. Vous ne le savez peut-être pas encore, mais ce vieil homme a aidé bien plus de gens que vous ne pourriez vous l'imaginer. Depuis des décennies, un à un, je le vois emmener des gens ici. Et puis, je suis certain qu'il vous a dit : " Cela va changer ta vie à jamais ". C'est vrai. Tu le constateras. »

Puis, le gardien se retourna de nouveau vers le vieil homme. « Continuez votre bon travail. Allez droit au but. » Puis, il poursuivit sa ronde.

« Au revoir », dit le vieil homme au moment où le gardien s'en allait.

Puis, il se concentra pour revenir à la tâche. « Bien, Thomas, à quelle conclusion arrives-tu après avoir observé *il gigante* de si près ? »

Tom fixa le *David*. « Je ne vois vraiment pas. Je suis désolé. Il me manque quelque chose. » Il regarda le vieil homme. « Qu'est-ce que c'est ? »

Le vieil homme sourit. « Je ne vais pas te donner la réponse si facilement, Thomas. Laisse-moi te demander ceci : jusqu'à quel point trouves-tu *il gigante* réaliste ?

– Eh bien ! Il est très réaliste. Il a réellement l'air d'une personne. Est-ce de cela dont il s'agit ?

– C'est la première partie. Il y a de nombreuses statues qui ont l'air réelles de loin, mais en s'approchant de plus près, on commence à voir que la forme est faite de marbre. Elle cesse d'être réaliste. Maintenant, regarde encore d'aussi près que tu le peux. Regarde la statue pour voir à quel point elle ressemble à la forme humaine en toute exactitude. Allez, vas-y », dit-il tout en gesticulant pour inviter Tom à circuler autour de la statue encore une fois.

Après avoir complété sa nouvelle tournée, le vieil homme demanda à Tom : « Quelle est ta conclusion maintenant, Thomas?

— Elle est très réelle.

— Oui, sous quels aspects? Dis-moi ce que tu vois.

— Les orteils. Les muscles dans les jambes. Les tendons. Les veines. Sa poitrine et ses côtes. Ses épaules et ses bras ressemblent à ceux d'un homme. Sa mâchoire, ses yeux et son front. Et ses cheveux. Ils ont tous l'air réels.

— Oui, Thomas. Voilà ce qui différencie Michel-Ange des autres. Ce sont les détails.

— La leçon porte sur les détails? demanda Thomas.

— Pas vraiment. La leçon porte sur la beauté dans les détails.

— D'accord... continuez, dit Thomas.

— « Partout, dans la vie, il y a des gens qui font du travail en tout genre. Le travail de la plupart des gens se situe dans la moyenne. Certains le font toutefois en deçà de la moyenne. Les maîtres, ceux qui ont pleinement réussi et qui dictent les normes aux autres, sont ceux qui saisissent les détails. Ce qui fait que cette statue est à ce point typique que les hommes et les femmes de toute culture la connaissent aujourd'hui, c'est l'accent sur les détails. *Il gigante* trouve *sa beauté dans les détails.*

– Mais comment cela s'applique-t-il à moi? demanda Tom.

– Cela s'applique à tout le monde, Thomas. Peu importe le travail que tu fais, tu dois t'y consacrer avec l'objectif de l'excellence absolue – et l'excellence provient d'une attention méticuleuse dans les détails. À l'époque de Michel-Ange, les artistes avaient l'occasion de disséquer les cadavres humains pour pouvoir comprendre l'anatomie. Il y a plusieurs plaisanteries qui circulent disant que si Michel-Ange était aussi grand, c'était parce qu'il avait crucifié quelqu'un pour connaître en détail et de première main à quoi ressemblait réellement le Christ sur la croix. Bien que cela soit absolument faux, il est vrai par contre qu'il a passé beaucoup de temps à maîtriser les formes humaines à travers la dissection. Il a travaillé des heures à examiner comment les différentes parties s'emboîtaient et comment elles s'empilaient les unes sur les autres. Alors, en prenant son ciseau pour tailler le marbre, il mettait simplement à nu ce qu'il avait observé dans le corps humain.

– Hum! D'accord, mais quel rapport avec moi?

– La leçon, Thomas, c'est que lorsque nous travaillons dans un domaine qui ne nous passionne pas, où il n'y a pas de plaisir, il est tout à fait naturel de faire ce qui nous est demandé, en produisant au mieux un travail médiocre. Nous trouvons notre passion dans ce que nous aimons, dans ce qui nous apporte de la joie. Nous pouvons accorder des heures d'affilée à notre passion et nous y perdons aisément la notion du temps. Quand nous nous levons le matin et qu'il nous tarde de nous y mettre, voilà ce qu'est le travail passionné. C'est lorsque nous sommes si absorbés par les détails que nous en oublions tout le reste. Michel-Ange avait ce type de passion pour son travail et, grâce à elle, il plongeait dans les détails. Il voulait que chaque statue, chaque tableau, donne l'impression d'être en vie – à quelques exceptions près qui seront vues tout à l'heure. Thomas, dis-moi, est-ce vrai pour toi? Ignores-tu les détails dans ton travail parce que tu manques de passion pour ce que tu fais?

– À vrai dire, je travaille avec des chiffres et avec les finances, alors il m'est nécessaire d'être exact, mais j'avoue que je suis plus laxiste que je ne le devrais. Juste me rendre au boulot est déjà assez difficile comme ça, alors je ne fais pas plus de travail qu'il n'en faut. Bref, non, je n'ai pas *la beauté dans les détails* comme vous le dites.

– Vois-tu comme tout est une progression? Vois-tu qu'une fois que tu as la passion et un travail dans lequel tu es doué, tu peux ensuite créer ton propre chef d'œuvre durable : une vie qui sera belle et puissante? Quand tu rentreras à la maison et que tu commenceras à faire un travail que tu aimes, non seulement tu posséderas la passion de saisir les détails, mais, pour la première fois de ta vie, tu deviendras capable de les maîtriser. Des nouveaux mondes vont s'ouvrir à toi. Des mondes que tu n'as encore jamais explorés. »

Tout en fixant le *David*, Tom exprima ceci : « Tout le monde possède un ange intérieur. Suivez votre passion. Développez votre confiance en vous. Finalement – jusqu'à maintenant en tout cas – la beauté est dans les détails.

– Tu es un excellent élève. Un des meilleurs que j'ai eus. »

Thomas se remémorait les paroles du gardien de sécurité. De nombreux autres élèves étaient passés avant lui. Il se demandait qui était ce vieil homme et comment pouvait-il occuper ses journées à vagabonder dans la ville pour aider les âmes entêtées?

« Es-tu prêt pour la prochaine leçon, Thomas? » La question ramena Tom dans le moment présent.

« Oui, bien sûr. Allons-y. » Il tourna le dos à la statue et il se dirigea vers l'entrée.

VOS MAINS CRÉENT CE QUE VOTRE ESPRIT CONÇOIT

*Nos univers sont façonnés grâce à la synchronisation
de l'intelligence créatrice de l'esprit et
de la sûreté diligente et l'habileté de la main.*

Cependant, le vieil homme le rappela.

« Pas si vite. Il reste encore une leçon ici avant de partir. Te souviens-tu quand, tout à l'heure, j'ai dit que nous y reviendrions?

– Oh, ouais! Vous avez dit qu'habituellement Michel-Ange voulait que ses statues soient réelles mais à quelques exceptions près. Est-ce bien cela?

– Exact. Maintenant, observe encore *il gigante*. Quelles sont les deux parties de son corps qui sont disproportionnées?

– Alors, la tête, évidemment.

– Oui. Quoi d'autre? »

Tom regarda la statue de haut en bas. Il les vit. « Les mains! La tête et les mains. » Puis, il le répéta encore pour renforcer sa réponse, mais aussi parce qu'il était fier de les avoir vus. « La tête et les mains.

– C'est bien cela, Thomas. Maintenant, la question cruciale : pourquoi?

– Je n'en ai aucun idée.

– Je vais te le dire. Premièrement, c'est pour une raison pratique que la tête est si large. Michel-Ange savait que la tête du *il gigante* serait surélevée d'environ six mètres. Bien sûr, plus un objet se trouve loin, plus il paraît petit. Il a donc fait une tête plus grande pour que les gens qui la regardent d'en bas puissent la voir proportionnelle au reste du corps. Il y a une leçon ici, mais ce n'est pas la plus importante. Parfois, certaines parties de ta vie doivent être plus grosses que d'autres pour trouver un équilibre. Plusieurs personnes croient qu'elles devraient être toutes égales, mais cela ne convient pas si tu veux exceller. Si tu veux être un écrivain renommé, tu dois passer plus de temps à lire et à écrire que tu en passes à regarder la télévision. De nombreuses personnes aspirent à la grandeur, mais bien peu font les sacrifices nécessaires pour l'atteindre. Bien sûr, voici une leçon encore plus importante que Michel-Ange nous a enseignée en sculptant la tête et les mains plus grandes qu'elles ne devraient l'être.

« Quelle est-elle? demanda Tom.

– Savais-tu que Michel-Ange était aussi un écrivain, Thomas?

– Non, mais cela ne me surprend pas.

– En plus, il était très bon. Michel-Ange a écrit un texte au sujet de sa philosophie et ce dernier nous donne un indice pour comprendre pourquoi il a fait la tête et les mains du *il gigante* plus grandes qu'elles ne devraient l'être. Dans l'un de ses sonnets, il a écrit :

> *Le marbre, encore intaillé, cache la forme*
> *De chacune des pensées du grand artiste,*
> *Cependant aucune conception n'en naîtra*
> *À moins que la main n'obéisse à l'intellect.*

– Comprends-tu la leçon?

– Je crois que la tête et les mains sont toutes deux importantes. Elles doivent travailler de concert?

– Comme prémisse, cela est juste. Michel-Ange savait que nos univers – la statue – sont créés grâce à l'intelligence créatrice de l'esprit et à la sûreté diligente et l'habileté de la main. Il s'agit donc de l'union de la puissance de l'esprit et de la délicatesse du travail de la main. Voilà la cinquième leçon et la dernière dans cet endroit. *Tu conçois le monde dans ton esprit et tu le crées avec tes mains.* »

Le vieil homme regarda sa montre. « Nous devons y aller bientôt alors laisse-moi terminer. Thomas, tu peux devenir tout ce que tu veux dans ta vie. Tu peux accomplir tout ce que tu désires. Mais tu dois faire le lien entre ta tête et tes mains. Comprends-tu ce que cela signifie?

– Euh! Pas vraiment.

– Thomas, la plupart de gens utilisent l'une ou l'autre. Ils peuvent même concevoir les choses les plus étonnantes – ils rêvent – mais ils s'arrêtent là. Ils vivent seulement dans leur esprit. Alors que d'autres se situent complètement à l'opposé. Ils vivent dans l'action, mais aucune action n'a été pensée en profondeur. Ce mouvement ne les mène nulle part. Voici le secret : *laisse ton esprit concevoir quelque chose et ensuite laisse tes mains le créer.* Le véritable accomplissement requiert les deux. »

Le vieil homme pointa la statue en face d'eux, puis il poursuivit. « Alors que David faisait face à Goliath, il a conçu dans son esprit ce qu'il désirait faire. Il a vu le géant mort à ses pieds et sa propre armée sauvée. Mais s'il ne s'était pas entraîné durant des années à lancer des pierres sur les arbres et sur les animaux dans l'obscurité, s'il n'avait pas été suffisamment habile pour que ses mains obéissent à son esprit, l'histoire se serait terminée bien différemment. Au lieu de cela, il chercha cinq pierres lisses au sol, même s'il n'en avait besoin que d'une seule pour assassiner le géant. C'est parce que sa main était entraînée à accomplir ce que son esprit décidait que tout cela s'est produit. Dans une démonstration d'habileté, il a lancé une seule pierre et du coup il a propulsé son ascension vers le trône. Quand l'esprit conçoit quelque chose et que la main le réalise, tu t'engages sur la voie d'une vie puissante. Thomas, c'est notre dernière leçon ici. Prends le temps d'examiner le *David* une dernière fois. Il a été très bon pour toi aujourd'hui.

– Oui, il l'a été.

– Viens, maintenant. Allons-y. Nous devons rendre visite à l'un de mes amis avant de manger.

– Nous allons manger?

– Bien sûr! Tu manges, n'est-ce pas? Nous allons voir mon ami et apprendre quelques autres leçons. Ensuite, nous irons manger. »

L'IMPORTANCE DE LA PLANIFICATION ET DE LA PRÉPARATION

La leçon consiste à ne pas aller trop vite. Assez vite pour te rendre là où tu veux aller, mais assez lentement pour pouvoir le faire du premier coup.

Rapidement, ils se retrouvèrent de nouveau dans les rues de Florence. Et, de nouveau, le vieil homme se mit à dépasser Tom. Cette fois, Tom décida de laisser sa fierté de côté et de ne rien dire, choisissant plutôt de se dépêcher et de faire du mieux possible pour rester avec le vieil homme. Malgré le poids lourd du sac à dos qu'il portait – et la sueur qui coulait abondamment après seulement quelques minutes – il arrivait presque à maintenir la cadence. *Cet homme doit avoir fait partie de l'équipe de marche de l'Italie.*

Ils zigzaguèrent à travers la foule. Tom faisait de son mieux pour garder un œil sur le vieil homme tout en essayant de ne pas frapper les dames âgées qui s'aventureraient en travers de sa route. Puis, le vieil homme s'arrêta aussi brusquement qu'il avait commencé. Devant la porte en façade d'un atelier situé au milieu d'un immeuble, il se retourna, il agita les mains et il annonça : « Nous y sommes, Thomas. Voici ta prochaine classe. »

Le vieil homme ouvrit la porte à Tom. Une cloche sonna pour annoncer leur arrivée, même si personne ne délaissa son travail pour les accueillir. « Après toi », dit-il et Tom entra en scrutant rapidement la pièce.

Endroit intéressant, pensa-t-il.

Il y avait une demi-douzaine de personnes dans l'atelier; chacune d'elles était absorbée par son travail. On aurait dit que chacune d'elles travaillait sur une sculpture dont le stade d'achèvement différait des autres.

« Arturo! », s'écria le vieil homme dans un air très familier. « Arturo! Ton vieil ami est ici! »

Presque instantanément, un homme arriva par la porte qui menait à l'arrière de l'atelier. Il était âgé d'environ cinquante ans, petit, trapu et ses larges bras rappelaient ceux du vieil homme. « Oui, c'est bien toi! Je pouvais le dire simplement par le son de ta voix. Cela fait, quoi, trois semaines depuis que je t'ai vu? » Les hommes s'embrassèrent ensuite pendant que Tom les regardait. « Quel bon vent t'amène aujourd'hui? » Il regarda Tom. « Un autre élève? »

Tom en était à se demander si le vieil homme ne tenait pas une école officieuse pour les touristes. Tout le monde semblait être au courant que le vieil homme avait des élèves.

« Oui, un autre élève, tu peux le dire. Et celui-ci est particulièrement brillant. Je l'ai amené ici pour qu'il voit en première ligne comment on crée un chef d'œuvre.

– Eh bien vous ne verrez peut-être pas de chef d'œuvre aujourd'hui, lança Arturo, mais vous pourrez voir comment on crée quelque chose à partir du marbre dur et froid. »

Tom continuait d'observer les alentours et il réalisa qu'en fait, il attendait ce moment avec impatience. Le fait d'être dans un atelier faisait vibrer la corde de son côté créatif – un côté qu'il avait négligé depuis trop longtemps.

« S'il vous plaît, ne faites pas attention à la poussière. Elle fait partie du métier, dit Arturo.

– C'est une autre raison pour laquelle Leonardo n'aimait pas la sculpture, dit le vieil homme soudainement. Il n'aimait pas être sale.

– Oui, eh bien toi et moi connaissons la beauté des gros travaux, n'est-ce pas? demanda Arturo au vieil homme avec un regard plein de sagesse.

– En effet, nous le savons. »

Arturo les invita à faire le tour à leur guise. « Comme d'habitude, mon atelier est à ta disposition. S'il te plaît, appelle-moi si tu as besoin de quoi que ce soit.

– Certainement, nous le ferons », répliqua le vieil homme. Et Arturo retourna à son travail.

Le vieil homme jeta un coup d'œil autour de lui et il prit une grande inspiration. Tom trouvait l'atelier froid. Il s'en dégageait une odeur distincte : une combinaison de différents éléments et de sueur provenant de plusieurs sculpteurs – il envisageait que plusieurs d'entre eux auraient pu prendre une douche. Il y avait de la poussière partout et on entendait le son incessant du ciseau sur le marbre qui le frappait et le grattait. Chacun des artistes travaillait de manière concentrée, comme s'il cherchait son propre ange.

Le vieil homme guida Tom vers la première table. Une pièce de marbre relativement petite y était déposée. Elle n'avait pas encore été touchée par un ciseau. Lorsqu'ils arrivèrent au bord de la table de travail, le vieil homme dit : « Thomas, regarde cette pièce posée ici. Et observe la table tout entière. Que vois-tu sur le marbre et sur la table?

– Bien, sur le marbre, je vois de nombreuses lignes – j'en déduis que c'est là où les coupes ont été faites ou tout autre nom qu'elles puissent porter. Sur la table, je vois le ciseau, une esquisse et une petite statue de bois. Oh! et une statue d'argile.

– C'est correct. Voyons maintenant l'importance de chacun d'eux : la création d'une statue ressemble beaucoup à la création d'une vie. Si tu veux devenir la personne que tu désires, tu devras avoir un plan et t'y préparer. Les gens, en grande majorité, ne planifient pas le type de personne qu'ils veulent devenir, Thomas. Pourtant, la planification aide à le faire correctement du premier coup. Quand tu travailles avec le marbre, tu ne bénéficies pas de nombreux essais pour couper. Une erreur peut ruiner tout un morceau. Voilà pourquoi il est impératif de passer du temps à la planification de ce travail. Tu vois les esquisses? As-tu remarqué avec quel moyen elles ont été dessinées?

– Cela semble être du crayon.

– Exact. Parce qu'avec le dessin, il est toujours possible d'effacer et de recommencer. Une fois que tu as taillé une pièce de marbre, tu ne peux plus revenir en arrière. Tu dois être en mesure de le faire du premier coup. Dans la vie, parfois, il est possible de revenir en arrière – comme tu le constates aujourd'hui. Mais avec un peu de planification et de préparation, tu peux t'éviter des années de frustration et de regret. Il faut donc *toujours* faire une esquisse et un dessin en premier. »

Le vieil homme poursuivit. « Ensuite, tu fais une petite sculpture. C'est un *test* – comme vous, les Américains, le dites, je crois. Certaines personnes utilisent le bois. D'autres, l'argile. Certaines utilisent le marbre bien que cela ne soit pas nécessaire. L'idée, Thomas, c'est d'être certain que tu as tout en main avant de couper.

– Cela est logique, répondit Tom.

– Alors, et alors seulement, tu peux concevoir ce à quoi va ressembler la sculpture dans le marbre. Thomas, sais-tu qu'il y a des personnes qui ne planifient jamais. Elles ne font que rêver. Rêver n'est pas suffisant. C'est un début, mais ensuite, on doit s'assurer que ce rêve est possible ou souhaitable.

– Souhaitable? demanda Tom.

– Oui. Penses-y un moment, Thomas. Plusieurs élèves, peut-être en fais-tu partie, grandissent en pensant à certains cours qu'ils pourraient étudier et à certains emplois qui pourraient les intéresser. Ils vont à l'université et ils étudient. Ils font un travail intellectuel et cela est important. Ensuite, ils obtiennent leur diplôme, ils commencent à travailler et ils réalisent qu'ils n'aiment pas cela. Or, la plupart des gens croient qu'il est trop tard. Puisqu'ils sont déjà bien installés dans ce travail, qu'ils gagnent de l'argent, ils continuent alors à faire quelque chose qu'ils n'aiment pas. De nombreuses personnes n'ont jamais mis sur papier la vie qu'elles imaginaient. Elles n'ont pas non plus créé de sculpture miniature pour voir si celle-ci correspond à ce qu'elles souhaitent, une fois que la véritable statue sera terminée.

– J'en ai perdu un bout.

– Oui, bien sûr! Pense au professeur qui a toujours voulu aider les gens en leur enseignant, mais qui réalise, une fois sa carrière amorcée, que l'argent lui importe plus qu'il ne l'aurait cru au départ. En tant que professeur, il sait qu'il ne pourra jamais gagner plus d'argent. Alors, ce professeur se sent pris. Avant d'enseigner, il n'avait jamais accordé d'importance aux désirs qu'il avait à propos de la rémunération. Maintenant, il croit qu'il ne peut plus rien y changer parce qu'il a beaucoup investi dans son éducation, parce qu'il est trop engagé dans sa carrière ou parce qu'il a peur de ce que les autres vont penser.

À ce sujet, voici un autre exemple. Une jeune personne souhaite négocier des transactions financières, mais, après quelques années dans ce travail, elle réalise que sa personnalité n'arrive pas à s'adapter à la pression que la tâche impose. Si ces personnes avaient planifié leur vie et leur carrière au lieu de simplement étudier, si elles avaient essayé de faire quelque chose d'épanouissant au lieu d'investir tout leur argent à tenter d'apprendre à le faire, combien de plaisir supplémentaire crois-tu qu'elles auraient?

– C'est pour cela que les stages existent, n'est-ce pas? En fait, êtes-vous en train de dire que les stages sont nuisibles?

– Non, pas du tout. C'est seulement que les stages ne nous offrent pas une image complète. Ils sont en fait comme un instantané. Ils ne montrent pas la réalité globale, ainsi ils ne peuvent donc pas permettre à une personne de décider si elle aimera ou non le travail lorsqu'elle commencera à le faire comme métier. Laisse-moi t'expliquer. Thomas, as-tu fait un stage?

– Oui.

– Et est-ce que tu t'y es plu?

– Euh! C'était bien.

– Était-ce un tour complet du travail que tu fais actuellement?

– Oh non!

– C'est exactement cela ce que je veux dire. Plusieurs personnes, les personnes âgées aussi, ne font pas assez de planification, de préparation et d'investigation à propos de la vie qu'elles désirent. Ou bien elles dérivent au gré des circonstances de la vie qui les poussent en avant ou en arrière ou bien elles se précipitent vers un plan mal conçu, elles vont trop rapidement, et elles réalisent trop tard qu'elles ont commis une erreur, une très grave erreur par surcroît. Et cette erreur touche leur vie elle-même. La planification, Thomas, la réelle planification, élimine presque tout cela.

– Alors, quelle est la leçon qui me concerne. Que puis-je faire maintenant? demanda Tom.

– Aujourd'hui, tu as appris plusieurs choses et tu as fait quelques découvertes à ton sujet. Demain, tu retourneras à la maison. Ton esprit et ton cœur voudront accomplir ce que tu désires. Tu voudras procéder rapidement parce que tu es enthousiaste. Cela est bien et très bon. Je t'encourage à passer à l'action. Par contre, mon conseil est de ne pas aller trop vite. Assez vite pour te rendre là où tu veux aller, mais assez lentement pour pouvoir le faire du premier coup. Michel-Ange avait plusieurs échéances à chacune des commandes qu'il recevait et la plupart du temps, il était payé en fonction du délai de livraison.

– Cela aide d'être le plus grand sculpteur qui ait jamais existé, dit Tom.

– En effet, cela aide, Thomas, mais bien qu'il ait été reconnu, il n'était pas encore considéré comme le plus grand sculpteur de l'histoire. Il était un artiste qui faisait toute sa planification et sa préparation avant de commencer à ciseler le marbre. Et c'est pour cela qu'il est devenu aussi célèbre. Planifie, Thomas, planifie. »

TOUT ACCOMPLISSEMENT COMMENCE PAR UNE ACTION PROMPTE

L'action est le commencement de l'accomplissement.
Sans elle, tu n'as que des rêves perdus
et des bonnes intentions.

Au moment où le vieil homme finissait de parler, il remarqua du coin de l'œil un jeune homme, un apprenti, qui semblait être devant une pièce de marbre toute neuve. « Excuse-moi », dit le vieil homme à l'artiste, mais es-tu en train de commencer quelque chose avec cette pièce? ». Il montrait une petite pièce de marbre d'environ un mètre.

« Oui, répondit l'artiste.

– Très bien. Est-ce que cela te dérange si nous te regardons? » Il se dirigea vers l'endroit où travaillait l'artiste. Tom le suivi.

Lorsqu'ils atteignirent l'établi, le jeune artiste prit l'un des plus gros ciseaux et le positionna avec soin. Puis, d'un grand coup rapide, il frappa le marteau sur le ciseau et un large morceau se détacha du bloc de marbre.

– Qu'est-ce que cela sera quand tu auras terminé? demanda le vieil homme.

– J'espère qu'il deviendra un lion, dit l'artiste.

– Il le deviendra et il sera magnifique, reprit le vieil homme qui souhaitait ainsi l'encourager. Cela va prendre quelques détails pour faire ce travail. J'espère que tu es bon. » Il afficha un sourire.

« Je suis assez bon, dit l'artiste en souriant lui aussi.

– Eh bien, continue ton travail. Mon ami et moi ne voulons pas te déranger. » Sur ce, le vieil homme se recula un peu et invita Tom à en faire de même en le prenant légèrement par le coude.

« Nous partons déjà? demanda Tom. C'est tout? »

Environ deux mètres plus loin, le vieil homme s'arrêta et répondit enfin. « Thomas, ce que tu viens de voir est l'une des leçons les plus simples et les plus profondes qu'un être humain puisse apprendre. En fait, plusieurs personnes vivent dans la prison de leurs rêves oubliés parce qu'elles n'ont pas appris la leçon à laquelle nous venons juste d'assister. Sais-tu de quoi il s'agit? »

Thomas était dérouté. Il n'arrivait pas à voir ce qu'il pouvait avoir appris de si profond à observer le jeune apprenti donner un grand coup dans le marbre. « Euh! Pour être très honnête, je ne vois pas quelle leçon si profonde j'aurais pu apprendre en ne le regardant que quelques secondes. Vous allez devoir me la dire, sinon je crois que je ne la trouverai jamais.

– Celle-ci est si simple que de nombreuses personnes ne la voient pas. Pourtant, elle est extrêmement importante. La voici, Thomas : *toute tentative fructueuse débute par une action prompte.*

– C'est tout? Tom ne comprenait toujours pas.

– Réfléchis un moment, Thomas. Combien de personnes ont des rêves qui dorment en elles?

– Pratiquement tout le monde, je crois.

– Exactement! Tout le monde. Maintenant, quel est le pourcentage de personnes qui vivent leurs rêves? Ou quel est le pourcentage de gens qui les poursuivent?

– Eh bien, très peu.

– Dans le grand ordre de l'univers, Thomas, virtuellement, personne ne poursuit ses rêves. Oui, les gens rêvent. En fait, je crois que les humains sont nés avec des rêves. Quelques-uns les planifient ou les préparent. Mais très peu passent à l'action. C'est bien là que se trouve le problème. Thomas, tu as beaucoup appris aujourd'hui et j'ai encore quelques autres leçons pour toi. Lorsque tu seras rendu chez toi, ce qui te mènera au succès est de savoir si tu appliqueras ce que tu as appris ou si tu mettras une croix sur les propos d'un vieil homme cinglé. Mais voici la vérité : cet artiste peut bien se préparer et planifier pendant des mois, s'il ne prend jamais le marteau pour le braquer et ensuite frapper le marbre, il n'obtiendra jamais le magnifique lion qui, j'en suis certain, réside dans la pierre. Il doit commencer, c'est la clé. L'action est le commencement de l'accomplissement. Sans elle, tu n'as que des rêves perdus et des bonnes intentions.

– Alors, à votre avis, pourquoi la plupart des gens ne commencent jamais? demanda Tom.

– Je crois qu'il y a plusieurs raisons. L'une d'elles est qu'ils n'accordent pas suffisamment d'attention à leurs rêves pour les amener à l'étape de l'action. Une autre raison, c'est qu'ils ne planifient pas et qu'ils n'établissent pas une stratégie. Ou encore ils sont tellement occupés dans leur quotidien qu'ils n'ont pas le temps de bâtir leurs rêves. Par exemple, un homme peut rêver de devenir un écrivain, alors qu'il gagne actuellement cent mille dollars par année et qu'il a une voiture fournie par la compagnie et un excellent fonds de retraite. Comme sa femme n'a pas de revenus, que ses enfants fréquentent une école privée et qu'ils suivent des cours de piano, il se demande s'il doit démissionner de ce travail pour poursuivre son rêve. La réponse est pratiquement toujours non.

– Ouais, cela ressemble à ce que vivent la plupart des gens.

– Mais, la dernière raison est peut-être celle qui est la plus puissante de toutes. Cette raison, Thomas, c'est *la peur.*

– La peur? De quoi?

– La peur de quoi que ce soit. La peur de tout. La peur de l'inconnu. Par exemple, qu'est-ce qui t'effraie au point de t'empêcher de laisser ton travail et de développer ton côté créatif?

– Que mon père croit que je suis un idiot. La peur qu'il ait raison. La peur de l'échec.

– Je savais que tu allais dire cela. La peur paralyse la majorité des gens et ils ne commencent jamais leur rêve. Certains ont peur d'échouer. Alors que d'autres ont peur de ne plus pouvoir subvenir aux besoins de leur famille. D'autres ont peur de perdre leur réputation. Il y a aussi la peur omniprésente du changement. Et d'autres ont *peur du succès*.

– Du succès? Pourquoi est-ce que quelqu'un aurait peur du succès?

– Les gens ont peur de ne pas pouvoir atteindre un tel niveau, peur de la responsabilité que le pouvoir et la richesse peuvent apporter. Ils peuvent même avoir peur de redescendre après avoir atteint un niveau si élevé. Tu sais, une chute d'un mètre n'occasionne pas autant de peur que celle de vingt mètres.

– Je n'avais jamais pensé à cela auparavant.

– La peur, Thomas, est bien souvent la cause première lorsqu'on évite de faire la simple action de commencer un projet. Laisse-moi te demander ceci : qu'aimerais-tu amorcer lorsque tu retourneras à la maison? »

Tom réfléchit un moment, puis il dit : « Euh! C'est étrange que vous ayez fait mention des leçons de piano.

J'ai toujours voulu apprendre à jouer du piano. Je suis toujours émerveillé lorsque j'entends quelqu'un jouer une belle mélodie.

– Alors pourquoi n'as-tu jamais suivi des leçons avant? »

Une expression de surprise s'afficha sur le visage de Thomas. « Je crois... Je suis effrayé. » Il n'avait jamais envisagé cela de cette manière auparavant.

« Qu'est-ce qui t'effraie?

– J'ai peur de ne pas avoir assez de talent pour pouvoir bien jouer. Peur de ce que mon père va penser de moi. Il croit que tous les musiciens sont efféminés. Je n'ai jamais voulu faire face à ce jugement.

– Alors, tu n'as jamais commencé. Tu vois, c'est *la peur*. Mais, cela est correct. Maintenant, tu peux la reconnaître. Quand tu retourneras à la maison, tu devras faire une action rapidement.

– Comme quoi?

– Ouvrir le bottin téléphonique, prendre le téléphone et obtenir un rendez-vous pour ta première leçon de piano. C'est simple, n'est-ce pas? Pourtant tout dépend de cette simple action pour voir si tu joueras un jour du piano ou non. Tu dois faire face à tes peurs et les vaincre.

– Oui, je vois, concéda Tom.

– Qu'ils aient peur d'échouer ou d'être trop vieux pour commencer quelque chose de nouveau ou qui n'a jamais été fait auparavant, les gens ont toutes sortes d'excuses pour justifier pourquoi ils ne commencent pas ce qu'ils devraient faire. En bout de ligne, cela ne mène qu'à l'inaction et au manque d'accomplissement. Imagine si Michel-Ange avait fait la même chose que les autres artistes : réfléchir à ce qui peut être fait avec ce marbre, sans jamais débuter. Qui sait, le marbre serait peut-être encore là, aujourd'hui. » Il prit une pause pour laisser intégrer son message. Puis, en recommençant à parler, il cligna des yeux. « Et je n'aurais aucune histoire où je pourrais puiser les leçons que je t'enseigne.

– En plus, ce sont de bonnes leçons, dit Tom. Y en a-t-il encore d'autres?

– Oui, il reste encore quelques courtes leçons avant que nous quittions cet endroit pour aller savourer notre repas. Je commence à être affamé, alors ne passons pas trop de temps ici.

– D'accord, quelles sont ces leçons? »

CHÉRIR LES ÉTAPES DU TAILLAGE, DU SCULPTAGE, DU SABLAGE ET DU POLISSAGE

Nous devons suivre la même progression :
Enlever ce qui ne nous appartient plus, sculpter notre vie
pour lui donner la forme des gens auxquels
nous nous associons et des informations
auxquelles nous adhérons,
afin qu'à travers l'adversité et la souffrance,
les taches rugueuses de notre vie
soient sablées et qu'ensuite, et ensuite seulement,
elles soient polies pour faire ressortir
notre puissance et notre beauté dans toute leur splendeur.

« Par ici, viens au centre de la pièce avec moi. »
Ils allèrent dans un endroit où Tom pouvait avoir une vue d'ensemble de la pièce. « Regarde bien. Toutes ces sculptures sont à différents stades de réalisation. Il y des travaux différents qui ont été faits sur chacune d'elles. Essentiellement, cependant, il n'y a que quatre tâches qui t'amènent de la matière brute à une pièce terminée : le taillage, le sculptage, le sablage et le polissage. C'est la plus grande partie du travail à accomplir.

– D'accord, mais qu'est-ce que cela signifie pour moi?

– J'aime bien envisager la vie de cette manière. Il y a un temps où le Grand Artiste doit nous tailler; un autre où il doit nous sculpter; un autre où il doit nous sabler et enfin un autre où il doit nous polir. Tout cela est nécessaire pour créer une merveilleuse vie, tout comme cela est nécessaire pour créer une magnifique sculpture.

– Oui, je peux le voir.

– Le problème, Thomas, n'est pas que les gens ne voient pas le procédé, mais plutôt qu'ils ne l'acceptent pas. En outre, c'est encore important, s'ils le chérissent.

– Le chérissent?

– Oui. Chérir. Tu vois, si nous ne faisons que l'accepter, nous ne sommes pas nécessairement des participants volontaires dans le procédé; en fait, nous ne sommes pas des participants qui ont une attitude positive. Et ici, la clé est d'avoir une attitude positive à propos du procédé.

– D'accord, alors expliquez-moi les quatre étapes?

– Très bien. Commençons par le taillage. Chaque personne a des parties d'elle-même qui doivent tout simplement être enlevées. Si ces parties demeurent en place, tu ne pourras probablement jamais révéler le véritable ange intérieur. Si nous souhaitons créer une vie de puissance et de beauté, il est nécessaire que nous nous permettions de passer à travers l'étape qui va tailler toutes ces parties qui cachent notre vraie nature. Pourtant, la plupart des gens n'embrassent pas cette étape.

– Pourquoi?

– À cause de la douleur. Les gens craignent la douleur. La douleur physique. La douleur émotive. La douleur psychologique. Lorsque nous perdons des parties de nous, même les mauvaises parties qui nous empêchent de croître, cela fait mal. C'est douloureux parce que nous étions à l'aise avec ces aspects négatifs. Nous avions développé des comportements de compensation à leur sujet. Donc, au lieu de les tailler, nous les avons fuis. À cause de cela, nous nous sommes englués dans des comportements de compensation si bien que notre ange n'a jamais pu émerger.

– J'ai besoin de réfléchir à cela. Je suis de ceux qui n'apprécient pas les changements, spécialement si je sais qu'ils exigeront du travail. Je comprends ce que vous dites au sujet de la peur du changement et comment nous pouvons l'éviter. J'ai tendance à le faire aussi. Je n'ai pourtant jamais constaté que cela pouvait me contraindre.

– Oui, prends le temps d'y réfléchir, Thomas. C'est important. Ces parties doivent être taillées pour que tu puisses devenir la personne que tu désires être, la personne que tu es destinée à être. Si tu ne permets pas que ces parties soient taillées, tu ne verras jamais *l'ange intérieur* qui se cache en toi. »

Le vieil homme regarda autour de lui pour trouver un autre artiste qui pourrait l'aider à transmettre son prochain enseignement. Il en aperçut un et le pointa. « Vois-tu le jeune homme qui porte un sarrau bleu là-bas, à la table?

– Certainement!

– Il a commencé l'étape du sculptage. Celle-ci est différente du taillage, car dans le taillage, nous enlevons les parties qui ne nous appartiennent pas, alors que le sculptage est le raffinement de l'art qui révèle lentement et délicatement la forme et la beauté de la pièce, les détails dont nous avons parlé plutôt. C'est ici que l'artiste commence à transformer le marbre pour lui donner la forme qu'il est appelé à devenir. Il y a une leçon ici aussi.

– Je crois que je peux la deviner, mais expliquez-moi cette leçon.

– Bien, lorsque nous permettons à la vie et à notre champ de compétence d'éliminer ce qui cache notre vrai nous, nous participons alors activement à la formation de la vie que nous voulons mener.

– Comment fait-on cela?

– Il y a plusieurs outils que nous pouvons utiliser, Thomas. Les outils d'un sculpteur sont peu nombreux, mais les outils pour sculpter la vie, eux, le sont. Nous sommes le produit de tout ce que nous laissons entrer dans notre vie et qui la forme et l'influence. Chaque chose, chaque personne avec laquelle nous interagissons vient former et mouler la personne que nous devenons. Cela inclut autant les possibilités dans lesquelles nous choisissons de nous investir que celles que nous refusons.

– Donnez-moi quelques exemples », requit Tom.

– Laisse-moi d'abord commencer par les possibilités dans lesquelles nous nous investissons. Premièrement, et principalement, ce sont les personnes avec lesquelles nous choisissons de développer des relations. Nos partenaires d'affaires et nos amis sont les personnes que nous pouvons choisir de manière volontaire. Nous devrions choisir ces personnes de manière intelligente en fonction de ce qu'elles peuvent nous aider à devenir. Nous devrions rechercher celles qui nous mettront au défi et qui nous encourageront à être le meilleur possible. Le but est d'avoir un réseau de personnes qui nous servent de tremplin vers une vie meilleure.

– Cela est très sensé. Qu'y a-t-il d'autre?

– La deuxième est semblable. Elle a trait aux livres que nous lisons.

– Des livres?

– Oui, des livres. J'aime voir les livres comme une occasion de converser avec l'auteur. J'aime imaginer que l'auteur est en train de me transmettre directement ses

idées. Je réagis et je me pose des questions intérieure-
ment au fil de ma lecture et à mesure que j'autorise cette
conversation avec l'auteur. De cette manière, je ne me
sens pas contraint par le temps et l'espace. Je peux être
ami avec les plus grands esprits qui ont foulé et foulent
encore la terre. Je peux les inviter dans ma vie à défier
ma pensée, à modeler ma vie et à m'aider à devenir une
meilleure personne, une personne qui a plus de succès.

   – Je n'ai jamais vu cela de cette manière auparavant.
Tout au long de mes études, je détestais lire à l'école.

   – Oui, de nombreuses personnes voient la lecture
comme quelque chose d'ennuyant et comme une perte
de temps. Pourtant, si elles arrivaient à la voir comme
une chance de s'asseoir avec un auteur et d'apprendre
ses enseignements, elles s'ouvriraient à une panoplie
de nouveaux niveaux d'apprentissage et de croissance.
La leçon, ici, Thomas, c'est que notre vie est sculptée
et formée principalement par les personnes avec qui
nous nous associons et par les livres que nous lisons.
Quand les gens ont saisi ce concept, ils sont préparés
à modeler leur vie pour devenir ce qu'ils veulent être.
Tu comprends cela, n'est-ce pas?

   – Je comprends. En y pensant bien, il me vient à
l'esprit quelques personnes que je respecte – et toutes
lisent. L'une d'elles prétend même qu'on ne peut être
un bon dirigeant si on n'est pas un bon lecteur. Vous

m'avez convaincu d'aller me chercher quelques livres quand je serai à la maison afin de développer des amitiés avec des personnes que je n'ai pas encore rencontrées et qui vont me permettre de devenir meilleur.

– C'est très bien. Encore un autre conseil à propos de la lecture. J'aimerais t'encourager à passer la majorité de ton temps à lire les ouvrages d'hommes et de femmes qui ont vécu il y a très longtemps.

– Vous voulez dire ceux qui sont morts.

– Eh bien, je ne les aurais pas décrits de cette manière, mais oui, c'est exactement ce que je veux dire.

– Pourquoi?

– Ce n'est pas à cause des personnes elles-mêmes, mais tout simplement parce que si leurs livres touchent et aident encore les gens, cela signifie que leurs idées sont durables et, toi, ce que tu cherches, ce sont des idées qui ont passé l'épreuve du temps. Tu devrais donc rechercher un contenu éternel et non un contenu à la mode.

– Ouais, cela est logique. Il y a plusieurs classiques que j'ai tardé à lire.

– Maintenant, tu les liras, dit le vieil homme en se retournant pour trouver un artiste à une autre table.

Quand il eut trouvé ce qu'il cherchait, il y dirigea l'attention de Tom. « Peux-tu me dire ce que ce jeune homme fait?

– Hum! Il a l'air de sabler une statue. Qu'est-ce que c'est, un chérubin?

– D'ici, c'est à cela qu'elle ressemble. Eh oui, il est en train de la sabler. Sais-tu qu'est-ce que le sablage représente dans la vie, Thomas?

– C'est lorsque nous sommes usés? supposa-t-il.

– C'est proche. D'une certaine manière, c'est quand nous sommes usés. Mais, c'est beaucoup plus positif que cela. Le sablage représente ces moments dans notre vie quand nous nous retrouvons apparemment encerclés par des circonstances négatives. C'est quand les choses nous écorchent au passage. Elles peuvent nous irriter si nous les laissons nous écorcher. Les gens, les circonstances, tous agissent comme un sablage sur nous.

– Mais qu'est-ce qu'il y a de positif là-dedans?

– Encore une fois, la majorité des gens recherchent le confort dans leur vie. Les gens évitent la souffrance et l'adversité. Pourtant, toutes les personnes inspirantes et accomplies ont expérimenté d'énormes souffrances et de l'adversité dans leur passé. Ce sont ces périodes de souffrance qui nous donnent du corps et qui révèlent le sens de notre vie. Ces défis nous permettent de rester humbles et reconnaissants lorsque nous parvenons finalement au succès. Comme un ancien auteur nous l'a dit : " Les défis développent la persévérance, la persévérance développe le caractère et le caractère développe l'espoir ". La sagesse, en fait. Pourtant, bien des gens fuient l'adversité et, en conséquence, ils n'apprennent jamais à persévérer. Au lieu de cela, ils apprennent à abandonner ou à se cacher. Et, il n'y a aucun pouvoir dans ces comportements, Thomas.

– Non.

– Les défis, l'adversité et la souffrance – le sablage, si tu préfères – représentent tous un important procédé pour modeler notre vie... si nous nous en servons correctement.

– Que voulez-vous dire par *correctement*?

– Il y a plusieurs façons de nous assurer que nous nous servons correctement des difficultés. L'une d'elles est d'accepter que les défis font partie de la vie et qu'il importe alors de les chérir. Une autre manière est d'adopter une bonne attitude par rapport à la vie, même quand les choses vont mal. Une troisième est de chercher à apprendre des situations qui nous arrivent, qui arrivent dans le monde ou d'apprendre au sujet de la vie et des gens. Et, finalement, nous devons trouver le positif qui se cache dans les circonstances négatives. Chaque situation peut nous apporter un résultat positif si nous prenons le temps de le chercher. Ceux qui réussissent sont ceux qui sont en mesure de changer l'adversité en accomplissement. Prends le temps de réfléchir à cela un peu, jeune Thomas.

– Je n'y manquerai pas. »

Le vieil homme avait déjà remarqué une autre personne qu'il pointa pour diriger le regard de Tom. « Tu vois certainement ce que cette jeune femme est en train de faire.

– Je présume qu'à cause du lustre qu'elle donne au marbre, vous allez me parler du polissage.

– Exactement. Le polissage – l'étape finale, celle qui représente l'étape de vie que tout le monde désire atteindre très rapidement.

– Quelle est-elle?

– Le polissage représente la partie de la vie qui nous fait avoir l'air bien. Cela arrive quand nous laissons le monde voir comment nous sommes beaux. Précisément, c'est quand nous brillons – pour ainsi dire. C'est lorsque notre ange se tient debout devant la Terre dans toute sa gloire – quand nous sommes vus par le monde qui nous entoure dans toute notre beauté et notre puissance. Tout le monde aime ces moments, n'est-ce pas?

– Ils se mettent le doigt dans l'œil, c'est certain. »

Le vieil homme regarda Tom d'un air narquois. Il n'avait vraisemblablement jamais entendu cette expression. L'ayant perçu, Tom ajouta : « Vous savez, ils s'illusionnent en tentant d'éviter les difficultés.

– C'est exactement cela. Le polissage est certainement la partie la plus agréable. C'est elle qui nous donne notre finition. Mais ce qui est important de retenir ici, c'est que cette étape doit venir en dernier. Michel-Ange n'aurait rien créé du tout s'il avait commencé par polir ce marbre. En premier, il a dû tailler, puis sculpter et sabler. Ce n'est qu'alors qu'il a pu commencer à polir *il gigante*, laissant ainsi le monde avec son œuvre éternelle de puissance et de beauté. Il en est de même avec la vie, Thomas. Nous devons *suivre la même progression* : enlever ce qui ne nous appartient plus, sculpter notre vie pour lui donner la forme des gens auxquels nous nous associons et des informations auxquelles nous adhérons, afin qu'à travers l'adversité et la souffrance, les taches rugueuses de notre vie soient sablées et qu'ensuite et, ensuite seulement, elles soient polies pour faire ressortir notre puissance et notre beauté dans toute leur splendeur.

– Alors, est-ce que cela signifie que nous pouvons accomplir davantage lorsque nous sommes jeunes?

– Tu viens d'apporter une brillante exception à mon point. Il ne faut pas attendre les derniers jours de notre vie pour resplendir bien que la plupart des gens font le travail le plus significatif dans un période plus avancée de leur vie et qu'ils y offrent alors leurs plus grandes contributions. Il y a de nombreuses occasions dans ta vie pour briller, mais sache qu'elles viendront toujours après que les autres tâches aient été accomplies. »

Tom regarda le bloc de marbre. « À quoi penses-tu, Thomas? demanda le vieil homme.

– Je me sens seulement un peu submergé par toutes ces informations. Tout cela est génial… seulement, c'est beaucoup.

– Je sais, Thomas. Ton esprit se souviendra de ce dont tu auras besoin. Quand tu seras chez toi, pense à ces leçons chaque jour pour que tu puisses les apprendre et les appliquer tout doucement, à ton rythme.

– C'est une bonne idée.

– En effet. Comme l'idée d'aller dîner. Es-tu prêt pour l'une des cuisines les plus raffinées de l'Italie? »

Thomas réalisa qu'il était vraiment affamé. « Évidemment que je suis prêt. Et je gage que vous connaissez un bon endroit.

– J'ai un ou deux lieux de prédilection, dit le vieil homme avec un sourire.

– Allons-y. »

Sur ce, les deux hommes s'en allèrent. Au moment de quitter l'endroit, le vieil homme se retourna. « Au revoir, Arturo, mon ami! Je reviendrai bientôt. » Sans attendre une réponse, ils franchirent tous deux le pas de la porte.

LE CONTENTEMENT : ATTEINDRE LE SUCCÈS PREND PARFOIS DES ANNÉES.

Atteindre le succès prend parfois des années.
Il exige des actions méthodiques de longue haleine.

En sortant, le vieil homme tourna à gauche et commença à marcher sur le trottoir. Cette fois, cependant, il marchait d'un pas bien plus lent. Cela convenait parfaitement à Tom. En se rendant au restaurant, le vieil homme semblait se préparer pour un dîner tranquille. Il était bavard et il montra différents endroits intéressants.

Ils marchèrent ainsi durant environ dix minutes pour se rendre jusqu'au restaurant. Il s'agissait d'un petit endroit qui contenait dix ou douze tables seulement. Puisque les Italiens appréciaient la chaleur, certaines des tables étaient situées en plein air. Juste à la gauche de la porte, un grand tableau présentait le menu. Ils s'arrêtèrent pour le lire.

« Allons, viens t'asseoir. Je vais commander pour nous deux, déclara le vieil homme. Si cela ne te dérange pas, bien sûr! Je suis plutôt doué pour cela.

– Non. Allez-y. Si vous aimez cela, je suis certain que je vais aimer aussi. »

Le vieil homme héla le serveur en lui indiquant une table sur la petite terrasse. Le serveur acquiesça et Tom et le vieil homme allèrent s'asseoir.

Aussitôt, le serveur leur apporta du pain et de l'huile d'olive pour débuter. « Prendrez-vous de l'eau, ce soir? demanda-t-il.

– Oui, bien sûr! Une bouteille.

– Très bien. Avez-vous des questions au sujet du menu?

– Non, je crois que nous sommes prêts.

– Alors, je reviens tout de suite. »

Tom et le vieil homme s'adossèrent à leur chaise et apprécièrent la chaleur du soleil couchant.

Le serveur était de retour. « Qu'allez-vous prendre ce soir?

– Je vais commander pour nous deux, dit le vieil homme. Nous allons commencer par une carafe de vin rouge de la maison.

– Oui, Monsieur.

– Et pour dîner, *primi*[2], avez-vous du risotto?

– Certainement.

– Excellent! Nous en prendrons avec des gnocchis au fromage. *Secondo*[3], qu'est-ce que vous nous recommandez?

– Nous avons un bon flétan frais avec des asperges dans une sauce légère au vin rouge.

– Cela me semble délicieux. Nous en prendrons. Et pour le *piatto principale*[4], j'espère que vous avec du veau avec du parmesan et des œufs.

– Nous en avons.

---

2.   De l'italien et signifie « en premier ».

3.   De l'italien et signifie « deuxièmement ».

4.   De l'italien et signifie « plat principal ».

– Cela me semble parfait. Évidemment, ajoutez votre sélection de fruits et de fromages. Et peut-être, je dis bien peut-être, nous gâterons-nous avec le *dolce*[5]. Mais nous le déciderons plus tard.

– Merci, dit le serveur avant de les laisser à eux-mêmes.

– On dirait que vous avez commandé pour une armée, dit Tom.

– Une armée de deux », répliqua le vieil homme.

Le serveur apporta la carafe de vin. Après qu'il ait rempli leurs deux coupes, le vieil homme leva son verre pour trinquer. « À tout ce que tu as appris aujourd'hui. *Puisse cela changer ta vie à jamais.* » Tom et lui tintèrent leur verre et ils prirent leur première gorgée.

« Il est très bon, dit Tom.

– Oui, j'aime beaucoup ce restaurant. »

Pendant les dix minutes suivantes, ou presque, le vieil homme bombarda Tom de questions au sujet de l'autre partie de son voyage, écoutant le récit de tous les endroits que ce dernier avait visités. Tom était quelque peu emballé par tout ce qu'il avait pu expérimenter, mais, encore quelque part au fond de lui, il était déçu que ces autres endroits ne l'aient pas aidé à

---

5. De l'italien et signifie « dessert ».

trouver les réponses qu'il cherchait. Au moins, il était heureux d'avoir rencontré le vieil homme – ou était-ce le vieil homme qui l'avait trouvé? De toute manière, il était reconnaissant pour les enseignements qu'il avait reçus. Ils étaient simples, mais profonds et ils correspondaient exactement à ce qu'il avait besoin d'entendre à ce stade de sa vie, même s'il était un peu nerveux et inquiet à l'idée de les mettre en pratique.

Puis, le premier service fut apporté à la table.

Tom s'y attaqua avec énergie. Il n'avait pas réalisé à quel point il était affamé. Pour économiser de l'argent durant son voyage, il avait opté pour de la cuisine beaucoup moins raffinée. En attendant son repas, l'odeur qui flottait dans le restaurant était des plus irrésistibles. Alors, quand son repas arriva, il y plongea sans perdre une seconde.

« Est-ce que cela est bon? demanda le vieil homme après que Tom ait avalé quelques bouchées. Est-ce que cela convient à tes exigences?

– Mmmmm. Absolument.

– On dirait que tu n'as pas mangé depuis une semaine.

– Si vous faites référence à de la nourriture de cette qualité, c'est le cas. En fait, cela fait deux semaines.

– Alors, savoure-la. C'est ma tournée, tu sais.

– Je vous remercie beaucoup. J'ai bien l'intention d'en tirer tous les avantages », dit Tom avec un grand sourire.

– Habituellement, je n'aime pas qu'on tire avantage de moi, mais cette fois, c'est acceptable. » Sur ce, le vieil homme leva de nouveau son verre et il le tendit vers Tom. Tom fit de même et, au moment de faire tinter les verres, le vieil homme dit : « À ton succès à venir.

– Alors, quelle est la prochaine leçon, demanda Tom.

– Tu es vraiment un ardent apprenti, pas vrai?

– C'est qu'il ne me reste plus beaucoup de temps.

– Très bien. Nous devrions commencer alors.

– Quelle est la première leçon durant l'heure du dîner? demanda Tom.

– Tom, laisse-moi te demander ceci : pour autant que ta carrière est concernée, dans quelle situation *penses*-tu que tu devrais être en ce moment?

– Bien, je pense que je devrais gagner au moins deux fois plus d'argent et que je devrais être au moins deux échelons plus haut dans l'organigramme de l'entreprise que je ne le suis actuellement.

– Réellement?

– Oui, pourquoi?

– Parce que cela me semble peu raisonnable.

– Pourquoi cela semble-t-il peu raisonnable? J'ai déjà lu que des personnes de mon âge ont gravi les échelons beaucoup plus rapidement que moi à travers les époques.

– C'est peu raisonnable pour deux raisons. Premièrement, parce que tu viens de découvrir que ton travail actuel ne te passionne pas. Comment peux-tu exceller dans ce que tu fais si tu n'éprouves pas de joie à le faire? Deuxièmement, parce que tu t'imposes une attente irréaliste. Ceci nous amène au point dont je veux te parler. Oui, les médias centrent leur attention sur ceux qui ont très bien réussi, mais t'es-tu déjà demandé quel pourcentage de la population mondiale ils représentent? Quel est le pourcentage des gens dans la trentaine, comme toi, qui sont directeurs de compagnies et qui gagnent cent vingt-cinq mille dollars par année? » Il prit une brève pause, puis poursuivit. « Thomas, c'est minuscule. Bien sûr, les médias parlent d'eux. Un article qui parlerait d'une personne dans la trentaine qui gagne vingt-cinq mille dollars par année et qui est en plein dans la masse serait difficilement inspirant.

– C'est vrai.

– Alors, voici la leçon : *atteindre le succès prend parfois des années.* Et parfois, des années et des années. *Il gigante* mesure plus de quatre mètres. Comme je te l'ai déjà mentionné, il a fallu vingt-huit mois à Michel-Ange pour sculpter cette statue du début à la fin. C'est moins de quinze centimètres par semaine. Peu importe sous quel angle tu l'observes, l'exécution réussie du *David* s'est faite lentement. La vie est faite ainsi. Parfois, le succès prend bien des années avant de s'installer dans la vie. Il exige des actions méthodiques de longue haleine.

– Mais... Tom essaya de dire quelque chose.

– Il n'y a pas de *mais*, Thomas! Je te dis affectueusement que tu t'imposes trop de pression pour réussir. Tu te dis que tu devrais être beaucoup plus loin que tu ne l'es. Ce n'est tout simplement pas vrai.

– Mais la vie est courte. Il faut la saisir pendant qu'il est temps.

– Oui, la vie est courte. Souviens-toi que tu t'adresses à un vieil homme. Je suis bien plus vieux que tu ne peux te l'imaginer et je sais que la vie doit être vécue pleinement. La vie a des saisons. Il y a une saison pour ériger une maison et une saison pour l'habiter. Il y a une saison pour les semences et une saison pour les récolter et les manger. Ce sont les saisons de la vie, Thomas, et toi, tu es encore au printemps. Tu seras rendu à l'hiver avant même de t'en rendre compte. Et quand tu y seras, tu rêveras très probablement de ta jeunesse. Au début de notre vie, nous avons hâte de vivre les étapes suivantes et plus nous avançons en âge, plus nous aimerions retourner en arrière. L'important, c'est d'apprécier chaque étape qui passe et de comprendre que réussir prend du temps.

– Alors qu'est-ce que je dois faire? demanda Tom.

– Encore une fois, tu dois trouver ta passion en premier. Qu'est-ce que tu aimes? Quel travail t'apportera la joie en le réalisant? C'est cela la clé. Les gens passionnés sont des gens qui font bouger le monde et qui font une différence. Ensuite, quand tu auras trouvé qu'est-ce qui te passionne, tu dois te donner du temps.

– Vous n'arrêtez pas de me le dire, mais pourquoi cela prend du temps?

– Thomas, c'est la vie. Oui, il y a des exceptions, mais dans la plupart des cas, la vie se déroule – la carrière se déroule – lentement dans le temps. Chaque étape est un lieu d'expérimentation. C'est seulement après avoir maîtrisé chacune des étapes que la possibilité d'aller plus loin nous est offerte. Chaque étape requiert du temps pour construire la base du succès à venir, pour apprendre les leçons que nous avons besoin d'intégrer et pour développer les habiletés dont nous aurons besoin ultérieurement. Cependant, pendant tout ce temps-là, nous continuons de faire ce que nous aimons avec passion et nous nous préparons à la magnificence des années à venir.

– D'accord, mais comment puis-je surmonter les pensées que j'ai à propos de ma situation actuelle?

– Cette question est très à propos. Je ferai de mon mieux pour y répondre. Thomas, je trouve que l'esprit humain est fascinant. Il est en fait une œuvre d'art incroyable en lui-même. Le potentiel le plus extraordinaire de l'esprit, c'est de pouvoir mouler notre être et nos croyances en fonction de ce que nous désirons devenir.

– Comment donc?

– En portant attention à ce que nous pensons. Le secret est que nous tendons à devenir ce à quoi nous pensons. Si nous pensons que tout est difficile, nous commençons à voir comment les choses sont difficiles. Si nous centrons notre attention sur la gratitude dans notre vie, nos pensées commencent à être de plus en plus tournées vers la gratitude.

– C'est bien beau, mais comment est-ce que tout cela s'applique à moi et au fait que je suis déçu de mes réalisations actuelles?

– Illustrons ceci avec deux questions : penses-tu que chaque jour de travail, après avoir complété une autre portion du *David*, Michel-Ange se disait : " Je n'arriverai jamais à le terminer. Je devrais être bien plus avancé " ? Ou penses-tu qu'il gardait plutôt son attention sur le fait que, petit à petit, il complétait son œuvre d'art et que très bientôt celle-ci serait terminée?

– Cela est logique. Alors à quoi donc est-ce que je devrais penser?

– À quoi penses-tu que tu devrais penser?

– Que je devrais apprécier ma situation actuelle. Que je devrais pendre le temps dont j'ai besoin pour apprendre ce qui me sera nécessaire pour les prochaines étapes de ma vie. Que j'entreprendrai une étape bientôt. Est-ce que c'est un bon début?

– Ce début est à la hauteur de mes espérances. Une fois à la maison, commence à te répéter ces choses chaque jour. Quotidiennement, détermine un moment pour intégrer ces phrases. En les répétant ainsi, tu vas remodeler tes pensées pour qu'elles deviennent ce que tu désires. »

PERSONNE NE COMMENCE PAR LA CHAPELLE SIXTINE

Vis ta vie en incarnant l'excellence dans ton travail
et les possibilités vont affluer vers toi.
Les gens ne peuvent et ne veulent pas
détourner leur regard de l'excellence.

« Voici ma dernière leçon – une leçon qui ressemble à celle que tu viens juste d'apprendre. La voilà donc : *personne n'a commencé par la chapelle Sixtine.*

– C'est un titre accrocheur.

– Merci, dit le vieil homme en faisant un clin d'œil. Mais laisse-moi t'expliquer ce que j'entends par là. Au début d'une nouvelle étape, plusieurs jeunes personnes comme toi et même tout le monde s'imposent la pression d'obtenir des gros résultats tout de suite en commençant.

– Ne devraient-ils pas?

– La vie n'est pas ainsi, Thomas. En théorie, cela peut fonctionner, mais en réalité… c'est très rare. Permets-moi de te donner un exemple de la vie de Michel-Ange. Tu vois, bien que Michel-Ange soit connu pour avoir peint la chapelle Sixtine, il n'a certainement pas commencé par ce projet. Non, il a fait trois autres travaux qui se sont échelonnés durant des années et qui l'ont amené pas à pas vers des niveaux d'accomplissement de plus en plus élevés pour pouvoir atteindre son point culminant en faisant la chapelle Sixtine. À l'âge de dix sept ans. Michel-Ange a fait une réalisation en bas-relief dans le marbre intitulée *La bataille des centaures*. C'est ce qui a projeté Michel-Ange à l'avant-scène, comme on dit. Aux yeux de tous, c'était un travail remarquable et encore plus en sachant qu'il avait été fait par un jeune homme de dix-sept ans. Voilà ce qu'il a accompli dans son jeune âge, mais bien plus restait encore à venir.

– Quelle a été sa plus grosse réalisation après cela?

– Après celle-ci, la plus grosse réalisation est celle que j'estime être non seulement l'œuvre la plus magnifique de Michel-Ange, mais la plus grande sculpture qu'il ait conçue.

– Vraiment? Laquelle était-ce?

– Elle s'appelle *La Pietà*. Est-ce que tu la connais?

– Hum! Cela me rappelle vaguement quelque chose.

– D'autres prétendent qu'il y a deux autres statues qui sont les plus grandes réalisations et elles sont certainement de très belles aussi, mais à mon avis, *La Pietà* est la seconde pièce monumentale de l'œuvre de Michel-Ange.

– Quelles sont les deux autres statues?

– Oh oui! La première est celle de *Saint Proculus*. La deuxième est *Bacchus*. Les deux sont magnifiques, mais *La Pietà*... » Le vieil homme ferma les yeux, de toute évidence pour visualiser cette sculpture dans son esprit et en savourer la beauté.

« Elle est belle, n'est-ce pas?

Le vieil homme ouvrit les yeux. « *La Pietà* est tout simplement remarquable. Es-tu allé à Saint-Pierre de Rome?

– Non, j'ai passé tout droit.

– Malheureusement! Tu devras revenir un jour en compagnie de quelqu'un. Tout le monde doit voir *La Pietà*.

– Vous m'intriguez. Qu'est-ce donc?

– *La Pietà* est à couper le souffle. J'ai peine à la décrire, pourtant, je la connais très bien. Aucun mot ne peut arriver à rendre justice à la beauté de son œuvre. C'est une sculpture de Marie assise et elle tient le Christ, décédé, sur ses genoux. Son regard est dirigé sur son fils décédé. C'est émouvant, perturbant, obsédant, mais aussi inspirant. Oui, Thomas, tu dois la voir un jour.

– Eh bien, maintenant, j'en ai l'intention. À la manière dont vous me la décrivez, je souhaite pouvoir y retourner. »

Le vieil homme retourna rapidement à son propos initial. « Numéro trois. Peux-tu deviner de quoi il s'agit?

– Il doit s'agir du *David*, dit Tom dans un ton plus affirmatif qu'interrogatif.

– C'est bien. Et bien sûr le numéro quatre est la chapelle Sixtine, la peinture la plus spectaculaire jamais réalisée. Elle est même meilleure que celles de Leonardo, enfin je crois. Il reste encore quelques leçons importantes à apprendre à propos de cette portion d'histoire.

– Par exemple?

– Comme je l'ai dit, *personne ne commence par la chapelle Sixtine.* Non, la plupart des gens ne peuvent accomplir leur chef d'œuvre tant qu'ils n'ont pas traversé les étapes de croissance et d'apprentissage que les expériences leur offrent. Évidemment, il y a quelques exceptions, mais pour la vaste majorité des gens, l'œuvre de leur vie sera le processus même et la progression.

– Que voulez-vous dire par la progression?

– Cela signifie que les jeunes gens doivent traverser le processus de la vie et les expériences en faisant un travail merveilleux – et ils y investissent beaucoup d'énergie et de vigueur. Ils doivent se réaliser. Ils doivent atteindre l'excellence à chaque niveau de leur vie pour ensuite être propulsés vers le niveau suivant. Ils doivent rencontrer les personnes qui leur ouvriront les portes et qui les aideront à réaliser un travail plus beau et plus puissant. Plusieurs jeunes gens, et je crois bien que tu en fais partie, sont trop impatients d'être bien pour laisser leurs vies suivre leur cours. Tu te rendras bientôt compte de la brièveté de la vie, Thomas. Mais, ici, il y a une autre leçon.

– Laquelle?

– Peu importe ce tu fais comme travail, fais-le avec excellence. L'excellence est ce qui va t'ouvrir la porte pour d'autres possibilités. Bien des jeunes gens désirent obtenir des occasions, mais voici un secret de tout temps : vis ta vie en incarnant l'excellence dans ton travail et les chances vont affluer vers toi. Les gens ne peuvent et ne veulent pas détourner leur regard de l'excellence.

– Mais comment puis-je bien faire cela? Je veux dire pratiquement parlant.

– La première chose à faire est de vivre le moment présent. Oui, nous pouvons rêver. Nous devrions avoir des visions de ce qui nous amène plus loin. Mais, ce qui va nous y conduire, ce n'est pas le rêve, mais l'excellence à laquelle nous nous employons chaque jour. C'est l'excellence que nous démontrons dans notre travail qui va dépasser la mesure du temps. L'excellence dans notre relation avec les autres payera ses dividendes plus tard dans la vie au moment où quelqu'un nous offrira une faveur que nous n'aurions pu avoir autrement parce que, lors d'une rencontre précédente, nous avions été gentils avec cette personne. C'est l'excellence dans notre caractère qui nous donnera les bases solides d'une vie bien vécue dans tous les domaines. À la fin, le reflet de notre vie sera identique à celui des personnes qui sont profondément satisfaites non seulement en raison de ce qu'elles ont accompli, mais, le plus important, en raison de ce que ce qu'elles sont devenues. Une personne qui a des réalisations, mais qui n'a pas un caractère réalisé n'a pas vécu une vie de réalisations. Est-ce que tu comprends?

– « Je crois que oui. »

– Maintenant, apprécie-toi. Vis une vie d'excellence. Deviens une personne que les autres seront fiers de connaître. Offre le meilleur de toi à ton travail. Et, par-dessus tout, sois passionné dans ce que tu fais et dans la manière de vivre ta vie. D'abord, il est évident que tu auras une recherche intérieure à faire pour découvrir ce qui te passionne, mais en cherchant, tu trouveras. Fais cette recherche en y mettant tout ton cœur. Lance-toi à fond dans un travail que tu aimes. Fais de même dans tous les secteurs de ta vie et avec les gens que tu rencontres. Une vie passionnée est une vie épanouie. Et si tu fais tout cela, tout ce qui t'est destiné se présentera à toi.

– Je l'espère.

– Il en sera ainsi, Thomas. Je connais ces choses-là. Les gens peuvent changer, crois-le ou non, j'ai déjà eu la réputation d'être grincheux, mais j'ai appris des gens que j'ai rencontrés… et j'ai changé. Tu as un merveilleux avenir devant toi.

– Eh bien, merci. Puis-je vous demander qu'est-ce que vous faisiez? Comme travail, je veux dire?

– Qu'en penses-tu?

– Je dirais de la sculpture.

– C'est juste. Comment as-tu deviné?

– Par votre compréhension de cette discipline artistique, évidemment. Mais, c'est en voyant la ressemblance des bras d'Arturo avec les vôtres que j'en ai eu la certitude. En fait, c'est ce qui m'a fait penser à la sculpture. » Le vieil homme afficha un sourire. « Alors, est-ce que vous sculptez encore?

– Non, j'ai pris ma retraite. Maintenant, j'enseigne informellement à des élèves comme toi.

– Qu'est-ce que vous avez fait? Qu'est-ce vous sculptiez?

– Oh! Différentes choses, des statues et des reliefs. Quoi de plus typique. J'ai aussi fait un peu de peinture, çà et là. J'étais un bon peintre, je préférais tailler le marbre.

– Tout comme Michel-Ange.

– Exactement, comme Michel-Ange.

Laissant les leçons de côté, Tom et le vieil homme passèrent le reste du temps à discuter de l'Italie, le vieil homme jouant au guide d'un circuit virtuel et à l'historien. Tom trouva cela fascinant. Après avoir terminé leur délicieux dîner, ils allèrent marcher sur le trottoir.

« Thomas, viens me rencontrer demain matin avant de partir pour que je puisse t'accompagner.

– J'aimerais vraiment cela. Je dois quitter un peu après six heures, donc nous pourrions nous rencontrer à six heures.

– Cela serait parfait. Il y a une grande place du côté nord de ton hôtel. Je t'attendrai près de la fontaine qui s'y trouve. À six heures du matin?

– Précisément. J'y serai, bagage en main, prêt à partir.

– On se revoit demain.

– Merci pour le dîner de ce soir.

– Tout le plaisir était pour moi, Thomas. Bonne soirée. » Le vieil homme se retourna et disparut dans la foule. Tom le suivit un moment et lorsqu'il ne le vit plus, il décida qu'il était temps d'aller au lit. Juste au moment où Tom faisait volte-face pour rentrer à l'hôtel, le vieil homme le tapota dans le dos. Il tenait un bout de papier à la main.

« Je t'ai sauvé du temps. Lis cela quand tu seras dans ta chambre. Nous nous verrons demain matin. » Tom prit le papier et le vieil homme s'en alla de nouveau.

Après une brève marche dans la nuit fraîche, Tom arriva dans sa chambre et il défit le papier que le vieil homme lui avait remis un peu plus tôt. Il pouvait y lire les leçons qu'il avait apprises durant la journée :

- trouve ton ange intérieur;

- suis ta passion;

- aie confiance en ta force;

- la beauté est dans les détails;

- la main crée ce que l'esprit conçoit;

- planifie et prépare-toi

- commence par une action rapide

- chéris les étapes de taillage, du sculptage, du sablage et du polissage;

- contente-toi, car parfois, le succès prend des années avant d'arriver;

- personne n'a commencé par la chapelle Sixtine.

Le vieil homme était réellement prêt à enseigner à quelqu'un aujourd'hui. En s'étendant dans son lit pour dormir, Tom crut finalement qu'en ce jour, sa vie venait peut-être de changer à jamais. Il commençait à croire qu'en lui se trouvait une personne qu'il n'avait pas encore montrée à la face du monde, une personne comme celle de l'ange intérieur. Une personne de puissance et de beauté.

À six heures du matin, à l'autre bout de la grande place, Thomas espionnait le vieil homme qui marchait vers lui. Tout était calme; il n'y avait que quelques propriétaires qui se prépareraient à ouvrir leur boutique pour la journée en balayant l'entrée. Lorsque Tom et le vieil homme se retrouvèrent, ils échangèrent une poignée de main.

– Bonjour, jeune Thomas.

– Bonjour à vous aussi, répliqua Tom.

– Aujourd'hui, ton voyage commence. Il t'appartient de décider où il te mènera.

– Oui, je sais. Et avec ce que vous m'avez montré, je crois que je suis prêt.

– Quand pars-tu?

– Dans quelques minutes, en réalité. Je ne peux vous parler longtemps. » Debout au milieu de la grande place, ils se sont regardés un moment alors que le vieil homme souriait et que Tom laissa échapper quelques larmes du coin de l'œil. Il n'arrivait pas à croire ce qui lui était arrivé. Un vieil homme était apparu de nulle part et lui avait enseigné probablement les plus grandes leçons qu'il aura apprises dans toute sa vie au sujet de la vie et de la joie.

« Eh, en passant, j'aimerais bien que nous restions en contact. Est-ce que je pourrais avoir votre adresse? »

Le vieil homme regarda Tom durant un moment puis se décida à parler. « Thomas, peut-être peux-tu me transmettre la tienne. Une carte professionnelle peut-être. Comme ça, je pourrais faire un suivi avec toi. Est-ce que cela te va ainsi?

– Oui, certainement », répondit Tom. Il sortit son portefeuille et il en trouva une légèrement repliée et la tendit au vieil homme. « La voici. Toutes les informations sont bonnes. Assurez-vous de rester en lien avec moi.

– Bien, Thomas, nous en sommes aux salutations, dit le vieil homme.

– Oui, c'est un au revoir. Je vous remercie. Merci beaucoup pour tout », dit Thomas.

Ils se sont embrassés comme le font père et fils. « Tu es réellement bienvenu, jeune Thomas », souffla le vieil homme à l'oreille de Thomas.

Tom se retira et se prépara à partir. « On se reverra.

– Au revoir. »

Tom se tourna et commença à marcher alors que le vieil homme l'observait. Après seulement quelques pas, Tom fit volte-face. Le vieil homme attendait.

« Vous savez, je ne vous ai jamais demandé votre nom. Quel est votre nom?

– Thomas, tu peux m'appeler monsieur Buonarroti. »

– Parfait, alors, Monsieur Buonarroti. Au revoir. » Il se retourna et reprit sa marche, mais quelques pas plus loin, une pensée lui traversa l'esprit. *Buonarroti. Buonarroti. Ce nom me semble familier. Où est-ce que je l'ai vu auparavant? Les plaques! C'est le nom de famille de Michel-Ange : Buonarroti.* Il s'arrêta et se retourna sur ses talons. Ce qu'il a alors vu l'a étonné.

Il a vu... *personne.*

Le vieil homme – Michel-Ange lui-même – était parti.

L'ANGE INTÉRIEUR :
GUIDE DE DISCUSSION
ET CAHIER DE TRAVAIL

Découvrez votre ange intérieur

- ✹ Que pensez-vous au sujet du concept de l'ange intérieur?

  _____

  _____

- ✹ Comment vous sentez-vous à propos du concept de l'ange intérieur?

  _____

  _____

⚹ De quelle manière vous êtes-vous déjà senti enfoui dans le marbre?

_____

_____

⚹ Avez-vous senti que les autres ne pouvaient réellement voir votre être véritable?

_____

_____

⚹ Quels sont les secteurs de votre force personnelle sur lesquels vous pouvez vous centrer pour pouvoir révéler votre ange intérieur?

_____

_____

Suivez votre passion

⚹ Diriez-vous que vous suivez actuellement votre passion? Pourquoi?

_____

_____

⚹ De quelle manière les autres vous ont incité à suivre la vision qu'ils avaient de votre vie au lieu de vous laisser suivre la vôtre?

_____

_____

❧ Que se produirait-il si vous commenciez à suivre votre passion?

_____

_____

❧ Que faudrait-il faire ou changer pour suivre votre passion?

_____

_____

❧ Êtes-vous prêt à prendre les risques nécessaires pour créer votre vie comme vous aimeriez qu'elle soit? Quels sont les blocages qui vous empêchent de suivre votre passion?

_____

_____

❧ À quoi ressemblerait votre vie si vous étiez en mesure de laisser émerger votre passion et de réaliser vos rêves?

_____

_____

Ayez confiance en votre force

❧ Quelles sont vos forces?

_____

_____

❧ En général, jusqu'à quel point êtes-vous confiant dans vos habiletés?

_____

_____

❧ Si vous ne connaissez pas vos forces, demandez à des amis de vous aider. Transcrivez leurs réponses ici.

_____

_____

❧ Comment est-ce que le fait de chérir et de démontrer vos forces changerait votre vie?

_____

_____

La beauté est dans les détails

❧ Diriez-vous que la nature vous a fait dans les détails?

_____

_____

❧ Si vous en doutez, comment pouvez-vous augmenter votre attention sur les détails?

_____

_____

⚹ Que croyez-vous qu'il arrivera si vous doublez votre attention sur les détails?

_____

_____

⚹ De quelle manière croyez-vous que votre travail peut s'améliorer si vous portez plus attention aux détails?

_____

_____

⚹ Comment est-ce que votre vie de famille peut s'améliorer si vous portez plus attention aux détails?

_____

_____

La main crée ce que l'esprit conçoit

⚹ Jusqu'à quel point croyez-vous comprendre et mettre en pratique ce concept?

_____

_____

⚹ Sur quoi portez-vous davantage votre attention : sur le travail de l'esprit ou le travail de la main?

_____

_____

❧ Combien de temps consacrez-vous à la concep-
tualisation? Pouvez-vous réserver à votre agenda
un moment récurrent pour « rêver »?

_____

_____

❧ Quelles sont les trois actions que vous pouvez
accomplir pour mettre en application vos idées?

_____

_____

Planifiez et préparez-vous

❧ Sur une échelle de un à dix, comment vous
évaluez-vous sur le plan de la planification?

_____

_____

❧ Sur une échelle de un à dix, comment vous
évaluez-vous sur le plan de la préparation?

_____

_____

❧ Si vous avez des lacunes sur le plan de la
planification et de la préparation, y a-t-il des
secteurs de votre vie où il vous est plus facile
d'être planifié et préparé? Si oui, comment
expliquez-vous cela?

_____

_____

❧ Quelles actions simples et concrètes pourraient vous aider à être mieux planifié et préparé?

_____

_____

❧ Avez-vous une période de temps dans la journée ou dans la semaine qui soit réservée à la planification et à la préparation?

_____

_____

❧ Pouvez-vous penser à une situation que vous avez planifiée et préparée? Comment s'est-elle déroulée? En y repensant, comment vous sentez-vous?

_____

_____

Commencez par une action rapide

❧ Qu'aimeriez-vous accomplir que vous n'avez pas encore fait?

_____

_____

❧ En général, qu'est-ce qui vous empêche de faire une action?

_____

_____

❧ Qu'est-ce qui vous empêche de faire une action maintenant ou demain?

_____

_____

❧ Quelles sont les trois actions que vous pourriez faire pour réaliser votre rêve?

_____

_____

Chérissez les étapes du taillage, du sculptage, du sablage et du polissage

❧ Quelle est la chose qui, à votre avis, doit être enlevée dans votre vie pour permettre de libérer votre ange intérieur?

_____

_____

❧ Quels sont les secteurs de votre vie qui ont besoin d'être sculptés?

_____

_____

❧ Est-ce que vous avez l'impression de passer au sablage actuellement dans votre vie? Si oui, quelles leçons en tirez-vous? Sinon, pouvez-vous envisager une situation dans le passé qui vous a rendu meilleur par le sablage?

_____

_____

❧ Quelle est la dernière fois où vous vous êtes senti poli et prêt pour l'admiration extérieure? Vous êtes-vous déjà senti ainsi? Sinon, que croyez-vous que l'on éprouve dans un telle situation?

_____

_____

Parfois, le succès prend des années avant d'arriver, alors contentez-vous

❧ Vous est-il déjà arrivé d'éprouver de l'insatisfaction? Avec du recul, est-ce que cela vous a servi?

_____

_____

❧ Pouvez-vous expliquer comment il est possible d'être à la fois ambitieux et de vivre le contentement?

_____

_____

※ De quelles manières pourriez-vous vivre le contentement dès maintenant?

_____

_____

※ Dans quels domaines de votre vie est-ce que le succès pourrait arriver si vous vous contentiez et si vous laissiez votre vie suivre son cours?

_____

_____

※ Comment pouvez-vous changer votre façon de penser pour vous aider à vivre plus de contentement?

_____

_____

Personne n'a commencé par la chapelle Sixtine

※ Quelles « chapelles Sixtine » aimeriez-vous accomplir un jour?

_____

_____

※ Pour réaliser les choses dont vous rêvez, quelles sont les étapes que vous avez déjà franchies et quelles sont celles qu'il vous reste à atteindre?

_____

_____

≈ Est-ce que vous visez l'excellence à toutes les étapes afin de vous donner la possibilité de grandir jusqu'à l'étape suivante?

_____

_____

Questions finales

✳ Quelles sont les trois leçons majeures qui sont au cœur de *L'ange intérieur*?

1. _____
_____

2. _____
_____

3. _____
_____

✳ Quelles sont les trois actions que vous pouvez faire aujourd'hui ou durant le prochain mois pour permettre à votre ange intérieur de commencer à briller?

1. _____
_____

2. _____
_____

3. _____
_____

REMERCIEMENTS

À Kyle Wilson et au personnel de Chris Wilder International.

À Roger Scholl et Sarah Raione de Currency Doubleday.

À Doris Micheals de DSM Agency.

À Mark Sanborn et Charlie Jones.

À Loraine Grover et Donna Johnson.

Je vous remercie de votre contribution qui a permis que L'ange intérieur *soit un succès.*

AU SUJET
DE L'AUTEUR

Depuis 1988, Chris Widener est un conférencier professionnel. Il a partagé la scène avec des candidats présidentiels américains. Il a participé à des émissions de télévision nationale. Il est un auteur de livres à succès et un athlète professionnel. Il a offert des conférences sur la motivation et sur le leadership à des groupes qui font partie des meilleures organisations des États-Unis, telles que General Electric, Cisco Systems et Harvard Business School.

Chris a écrit huit livres et plus de quatre cents articles et il a produit plus de trente programmes audio de motivation et de leadership.

Chris est l'animateur de deux émissions de télévision : *Made for Success* et *The Chris Widener Show* et il est coanimateur, avec Zig Ziglar, de l'émission *True Performance*.

Le bulletin d'informations hebdomadaire de Chris Widener a des abonnés dans cent cinq pays à travers le monde et ainsi, il est l'un des bulletins d'informations portant sur le succès et le leadership le plus largement distribué dans le monde.

Chris, sa femme Lisa et leurs quatre enfants habitent la banlieue de Seattle dans l'État de Washington.

LES RESSOURCES DE
CHRIS WIDENER

Inscrivez-vous dès aujourd'hui à la liste de distribution gratuite du bulletin d'informations de Chris Widener en visitant le site www.ChrisWidener.com.

Vous pouvez également commander les ouvrages à succès des programmes audio sur disque compact en allant sur le site www.ChrisWidener.com ou en téléphonant au 877-929-0439 :

- *Twelve Pillars* – 7 disques compacts

- *Winning with Influence* – 8 disques compacts

- *Extraordinary Leaders Series* – 13 disques compacts

- *Invisible Profit System* – 1 disque compact

Invitez Chris Widener lors de votre prochain événement!

Vous désirez un conférencier qui éduquera et motivera votre groupe dans une ambiance humoristique, stimulante et passionnée? Chris Widener est un conférencier et un auteur prolifique. Dans un style engagé et très polyvalent, il sait transmettre les principes de leadership, de motivation et de succès qui changeront votre vie. Les thèmes abordés sont les suivants :

- les douze piliers du succès

- la victoire grâce à l'influence

- les règles du leadership de l'engagement : créer une équipe pleinement engagée

- la direction de votre organisation à travers le changement

- les plus grands traits de caractère et les plus grandes habiletés des dirigeants extraordinaires

- les secrets de la motivation pour vous aider à maintenir votre leadership sur vos troupes

- le leadership du moment présent : ce que vous pouvez faire aujourd'hui pour devenir un meilleur leader

- la vie dont vous avez toujours rêvé

- le courage de rêver

Pour de plus amples informations, joignez :

Par la poste

Chris Widener International
ou YourSuccessStore.com
2835 Exchange Boulevard Suite 200
Southlake, TX 76092

Par téléphone

877 929-0439
817 481-9260 Dallas – Fort Worth Metroplex

Par télécopieur

817 442-1390

Par Internet

www.chriswidener.com

Par courriel

info@chriswidener.com

N'oubliez pas de vous inscrire à la liste de distribution pour recevoir gratuitement le bulletin d'informations de Chris Widener.

Marquis imprimeur inc.

Québec, Canada
2008